소크라테스의 변명

The Apology of Socrates

소크라테스의 변명

초판 1쇄 발행	2025년 1월 10일
원제	The Apology of Socrates
지은이	플라톤
옮긴이	정명진
펴낸이	정명진
디자인	정다희
펴낸곳	도서출판 부글북스
등록번호	제300-2005-150호
등록일자	2005년 9월 2일
주소	서울시 노원구 공릉로63길 14, (하계동 청구빌라 101동 203호) (01830)
전화	02-948-7289
전자우편	00123korea@hanmail.net
ISBN	979-11-5920-169-1 03160

소크라테스의
변명

The Apology of Socrates

플라톤 지음 정명진 옮김

편집자의 소개 글

소크라테스는 B.C. 469년 아테네에서 조각가의 아들로 태어났다. 그는 아버지의 예술 분야에서 훈련을 받다가 일찍부터 진리와 미덕의 탐구에 전념하기 위해 그 길을 포기했다. 그는 한 사람의 시민으로서 전쟁의 시기에나 평화의 시기에나 똑같이 자신의 역할을 충실히 수행했으며, 가난과 잔소리 많은 아내를 냉철한 무관심으로 견뎌냈다.

그는 당대의 다른 철학자들의 예를 좇아 형식적인 가르침을 제시하지 않고, 동시대인들, 특히 젊은이들이 명쾌하게 사고하고 합리적으로 행동하도록 이끌려고 노력하면서 주로 질문을 던지는 방식으로 사람들과 대화하며 이곳저곳 돌아다녔다. 그는 자신의 무지에 대해 아는 것 외에 그 어떤 지식도 공언하지 않았다. 그 유명한 "소크라테스적 아이러니"(Socratic irony)[1]는 그가 많은 것을 안다고 공언하

---

[1] 화자(話者)가 무식한 척 꾸미며 겉보기에 순진한 질문을 던짐으로써 최종적으로 상대방이 잘못을 인정하고 진실을 깨닫도록 하는 아이러니를 일컫는다.

는 사람이 있으면 누구든 찾아가서 기꺼이 배우려 드는 그의 태도를 통해서 잘 드러났다. 그러나 그런 대화의 불가피한 결과는 사이비 선생이 자신의 가식이 들통난 데 대해 화를 내든가, 질문을 던지는 소크라테스로부터 겸손하게 가르침을 받으려는 열망을 나타내든가 둘 중 하나였다. 그런 그의 습관이 적들을 많이 낳은 것은 너무나 당연했으며, 결국 소크라테스는 새로운 신들을 소개하고 젊은이들을 타락시킨다는 이유로 고발당했다.

'소크라테스의 변명'을 통해 확인되듯이, 그의 변론은 그가 평소해 오던 대로 자신의 확신들에 대한 확고한 믿음을 바탕으로 재판 결과에 대해선 조금도 두려워하지 않는 상태에서 행해졌다. 그가 다소 유화적인 말투를 쓰기만 했어도 십중팔구 사형 선고는 쉽게 피할 수 있었을 것이다. 그러나 그는 진리에 대한 자신의 확고한 믿음을 위해서 '순교자'의 길을 택하며 B.C. 399년에 죽었다.

소크라테스는 생전에 글을 전혀 남기지 않았다. 우리가 알고 있는 그의 가르침은 주로 그의 제자인 크세노폰(Xenophon: B.C. 430?-B.C. 350?)과 플라톤(Platon)을 통해 나온 것이다.

플라톤도 B.C. 428년에 유명한 가문에서 태어난 아테네 사람이었다. 그는 스무 살에 소크라테스의 제자가 되었으며, 스승이 죽은 뒤에 이집트와 시칠리아 등지를 여행한 후 B.C. 388년에 아테네로 돌아왔다. 그는 아테네의 어느 경기장 근처의 정원에, 아카데미아라는 철학 학당을 세웠으며, 여기서 40년 여생을 보냈다. 플라톤의 제자 중에는 철학적 명성의 측면에서 그의 라이벌이기도 한 아리스토텔레스(Aristoteles: B.C. 384-B.C. 322)도 포함된다. 소크라테스와 달리, 플라톤은 아테네의 시민 생활에 전혀 참여하지 않았으나, 정치 철학에 대한 관심이 지대했으며, 당시의 국내외 정치가들이 그의 상담을 받은 것으로 전해진다.

플라톤의 저작물은 모두 전해 오고 있다. 그의 저작물은 여기 소개된 작품 외에, 『국가』(Republic)와 『향연』(Symposium), 『파이드로스』(Phaedrus), 『프로타고라스』(Protagoras), 『테아이테토스』(Theaetetus), 『고르기아스』(Gorgias) 등을 포함한다. 플라톤의 저작물들은 대화 형태를 취하며, 플라톤 자신이 대화에 등장하는 경우에는 언제나 청취자의 입장에 서며, 주요 화자는 소크라테스이다. 플라톤이 특히 이론적인 측면에서 소크라테스의 철학을, 소크라테스 본인이 도달한 지점 그 너머까지 발달시켰기 때문에, 플라톤의 저작물에 담긴 가르침 중에서 스승의 것이 어디까지이고 제자의 것이 어디까지인지를 명쾌하게 판단하는 것은 불가능하다.

이 대화체 작품들에 담긴 철학은 2,000년이 넘는 세월 동안에 문명 세계의 위대한 지적 영향 중 하나로 꼽혀 왔으며, 그 작품들은 철학의 관점에서뿐만 아니라 문학의 관점에서도 감탄할 만하다. 문체는 그 자체로 아름다울 뿐만 아니라, 다양한 화자들의 성격에 따라 능란한 솜씨로 적절히 다듬은 모습을 보인다. 상황에 대한 암시와 성격 묘사는 위대한 예술가의 경지를 보여준다. 여기 소개하는 3편의 대화체 작품들은 플라톤의 문학적 기교를 보여주는 멋진 예임과 동시에, 그의 스승의 인격을 고스란히 담아낸 멋진 그림들이다.

차례

소크라테스의 변명

오, 아테네의 남자들[2]이여, 여러분이 나를 고발한 사람들의 말을 듣고 어떤 느낌을 받았는지 나로서는 알 수 없지만, 나는 설득력 넘치는 그들의 말에 깜쪽같이 속아서 나 자신이 누구인지를 망각할 뻔했습니다. 그들의 말의 효과는 그 정도로 강했지만, 그들은 진실한 말은 거의 한마디도 하지 않았습니다.

그런데 그 많은 거짓말 중에서, 특별히 나를 놀라게 만든 거짓말이 한 가지 있었습니다. 그들이 여러분에게 나의 웅변의 힘에 속아넘어가지 않도록 조심해야 한다고 당부한 것을 두고 하는 말입니다.

그들은 이런 말을 한 것 자체를 창피하게 생각해야 합니다. 왜냐하면 내가 입을 열고 부족한 점을 드러내자마자 금방 그들의 말이 거짓이라는 사실이 틀림없이 확인될 것이기 때문입니다.

만약 그들이 '웅변의 힘'이라는 표현을 '진리의 힘'이라는 뜻으로 쓰지 않았다면, 그렇게 말한 그들은 뻔뻔스럽기 짝이 없는 사람들입니다. 그러나 만약에 웅변의 힘이라는 표현이 진리의 힘을 뜻하는 것으로 쓰였다면, 나는 나 자신이 탁월한 웅변가라는 점을 진정으로 인정합니다.

그러나 내가 말하는 탁월한 웅변가는 그들이 말하는 탁월한 웅변가와는 너무나 다릅니다. 이미 말한 바와 같이, 그들은 진실한 말은 거의, 아니 한마디도 하지 않았습니다만, 여러분은 나로부터는 진실만을 듣게 될 것입니다. 진실을 전하는 방법도 그들의 방법과 다릅니다. 아름다운 단어와 구절로 적당히 장식한, 틀에 박힌 웅변이 아니

---

2   소크라테스는 보다 형식적인 "배심원단의 신사들"이라는 표현은 자신의 무죄를 지지하여 "배심원"이라는 이름으로 불릴 자격을 갖춘 사람들에게만 쓰고 있다.

라는 뜻이지요. 절대로 그런 식이 아닙니다.

나는 순간순간 머리에 떠오르는 단어들과 논거를 이용할 것입니다. 그렇게 하는 것이 옳은 길이라고 확신하기 때문이기도 하고, 아테네의 남자들이여, 이 나이에 여러분 앞에 미숙한 웅변가의 모습으로 나타나서는 안 된다고 믿기 때문이기도 합니다. 어느 누구도 나에게 그런 모습을 기대하지 않았으면 합니다.

여러분에게 한 가지 호의를 베풀어줄 것을 간청해야 합니다. 바로 이것입니다. 여러분이 내가 나 자신을 옹호하면서 지금까지 써오던 단어들을, 그러니까 대부분 아고라[3]나 환전상의 탁자에서나 그 외의 다른 곳에서 들었을 그런 단어들을 그대로 사용한다는 사실을 확인하더라도, 그 같은 사실에 놀라지 마시고 그 일로 나를 방해하지 않도록 해 달라는 것입니다. 내 나이가 일흔을 넘겼고, 법정에 서는 것이 이번이 처음이라서 법정에서 돌아가는 일들이 꽤 낯설기 때문입니다.

그래서 여러분에게 나를 외국인처럼 보아주시길 진심으로 부탁하는 바입니다. 외국인이라면 자신의 모국어로 말하고 자기 나라의 방식대로 말해도 여러분은 용서해줄 것입니다. 그러니 나의 부탁이 부당하지는 않다는 생각이 듭니다. 부디, 훌륭하거나 훌륭하지 않을 수 있는 태도에 대해서는 신경을 쓰지 말아 주시길 부탁드립니다. 오직 나의 주장의 정당성에 대해서만 생각하시고 관심을 기울여주시길 바랍니다. 배심원은 정의롭게 판단해야 하기 때문이지요. 웅변가

---

3   정치적인 시민 집회가 열리던 광장을 뜻한다.

가 진실을 말해야 하는 것처럼 말입니다.

먼저, 더 오래된 비난에 대해, 그러니까 나를 맨 처음 비난했던 사람들에게 대답하고, 그 다음에 그 뒤의 혐의들에 대해 대답해야 합니다. 왜냐하면 옛날부터 나를 비난한 사람들이 많았고, 그들의 그릇된 비난이 여러 해 동안 계속되었기 때문이지요. 아니토스(Anytus)[4]와 그의 일당도 나름대로 위험하지만, 나는 이들보다 그들을 더 무서워합니다. 여러분이 어릴 때부터 줄곧 여러분의 정신을 거짓말로 꽉 채워온 그들이야말로 비할 바 없이 위험하지요.

그들은 여러분에게 이런 엉터리 이야기를 들려주었습니다. 소크라테스라는 현자가 있는데, 이 사람은 위로는 천상에 대해 생각하고 아래로는 땅속을 탐구하면서 허약한 논증을 강력한 논증처럼 보이도록 바꿔놓는다는 식으로 말입니다. 그들이 내가 가장 두려워하는 비난자들입니다. 왜냐하면 그들이 그런 소문을 퍼뜨리는 장본인들이고, 그들이 나를 비난하는 소리를 듣는 사람들은 그런 사색가라면 신을 믿지 않을 것이 틀림없다고 쉽게 상상하기 때문이지요.

그런 비난자들이 다수이며, 나에 대한 그들의 비난은 역사가 아주 깊습니다. 그들은 여러분이 어린 시절을, 혹은 청년 시절을 맞고 있을 때, 그러니까 감수성이 예민한 시절에 나에 대한 비난을 쏟아냈습니다. 감수성이 예민한 시기에는 어떤 주장이든 아무런 여과 없이

4　고대 아테네의 정치가(B.C. 4-5세기)로, 아테네가 주도한 델로스 동맹과 스파르타가 주도한 펠로폰네소스 동맹 사이에 벌어진 전쟁에 장군으로 참여했다. 훗날에는 아테네 민주주의 운동을 주도했다. 그는 소크라테스가 자기 아들을 망쳐놓았다고 믿었으며, 소피스트들(고대 그리스의 철학과 수사학 교사들을 말한다)에게 강력히 반대한 것으로 알려져 있다.

그대로 받아들여지게 되어 있습니다. 그런 비난에 대꾸할 사람이 아무도 없었기 때문이지요.

가장 어려운 문제는 내가 한 사람의 희극 작가[5]를 제외하고는 나를 비난하는 사람들의 이름을 알지 못하기 때문에 공개적으로 밝힐 수 없다는 사실입니다. 그러나 이 비방자들의 대다수는 시기심과 악의에서 여러분에게 내가 해로운 존재라고 설득시키려고 노력했습니다. 그들 중에는 그런 생각을 스스로 강하게 확신하면서 그 확신을 다른 사람들에게 전하려고 애쓰는 사람도 있습니다. 이런 사람들을 다루는 것이야말로 너무나 힘든 일이라는 사실을 나는 밝혀야 합니다. 그들을 법정에 끌어내어 심문하는 것이 불가능하기 때문이지요.

따라서 나는 나 자신을 방어하면서 오직 그림자들과 싸워야 하고, 대답할 사람이 전혀 없는 가운데서 심문해야 합니다. 그래서 나는 여러분에게, 이미 밝힌 바와 같이, 나의 적들이 두 부류라는 사실을 잊지 말아줄 것을 부탁합니다.

한 부류는 최근의 적이고, 다른 한 부류는 옛날의 적입니다. 여러분은 내가 옛날의 적들의 비난에 대해 먼저 대답하는 것이 적절하다는 사실을 이해할 것이라고 나는 기대합니다. 그 비난들을 여러분이 최근의 비난을 듣기 오래 전에, 그리고 훨씬 더 자주 들었을 것이기 때문입니다.

그러면 이제부터 변론을 시작할까 합니다. 나에게 허용된 시간이 짧지만, 어쨌든 여러분이 나에 대해 그렇게 오랫동안 품어왔던 그릇

---

5   아테네의 극작가 아리스토파네스(Aristophanes: B.C. 450?-B.C. 385)를 말하며, 그의 희곡 '구름'(Clouds)은 소크라테스를 부정적으로 그린다.

된 편견을 해소시키도록 노력할 생각입니다. 틀림없이, 편견을 해소시키는 것이 내가 바라는 결과이며, 나는 나의 변호에 성공하길 바랍니다. 어쨌든 편견을 해소하는 것이 여러분과 나에게 더 좋은 일일 것이니 말입니다. 그리고 나의 말이 여러분의 지지를 끌어낼 수 있기를 바랍니다. 그러나 나는 이 일을 성취하기가 쉽지 않다는 사실을 알고 있습니다. 과제의 본질을 잘 알고 있기 때문이지요. 그러니 신의 뜻을 따르는 수밖에 없습니다. 이제 법에 따라 나 자신을 변호합니다.

먼저, 이런 식으로 나를 중상하도록 하고 멜레토스(Meletus)[6]가 나를 고발하도록 만든 그 비난이 무엇인지부터 물을 것입니다. 나를 중상하는 자들은 정확히 뭐라고 비방합니까? 그들이 진짜 고발자인 것처럼, 그들의 진술서도 낭독해야 합니다. 거기에 적혔을 내용은 아마 이럴 것입니다.

소크라테스는 악행을 저지르는 자이며, 땅 아래와 하늘에 있는 것들을 찾는, 호기심 강한 자이며, 허약한 논증을 강력한 논증처럼 보이도록 만들고 있습니다. 그는 또 타인들에게 앞에 말한 견해들을 가르치고 있습니다.

정말로, 여러분은 이런 비난들이 아리스토파네스의 희극에서 표

6　B.C. 4-5세기의 인물로서 소크라테스의 재판과 관련된 것 외에는 별로 알려진 것이 없다. 멜레토스와 다른 2명의 고발자(아니토스, 리콘(Lycon))는 재판 초반에 배심원 앞에서 연설을 했다. 소크라테스가 사형에 처해진 뒤에 멜레토스가 분노한 아테네 시민들에 의해 추방되었다는 설이 있다.

현되고 있는 것을 직접 보았습니다. 아리스토파네스는 자신의 작품에 소크라테스라는 사람을 등장시키고 있지요. 작품 속에서 소크라테스는 이곳저곳 떠돌며 자신은 공중을 걸을 수 있다거나, 정작 나 자신은 아는 척도 하지 않는 문제들에 대해 터무니없는 말을 하고 있습니다.

그렇다고 자연 철학을 연구하는 학자들을 폄하할 생각은 조금도 없습니다. 다만 멜레토스가 그런 내용을 근거로 나를 고발한다면, 나는 매우 유감스럽게 생각하지 않을 수 없습니다.

그러나 아테네의 남자들이여, 단순한 사실은 내가 그런 공부와는 전혀 무관하다는 것입니다. 이 자리에 와 계시는 분들 중 많은 분이 이것이 진실이라는 것을 뒷받침할 증인들이며, 그분들에게 나는 간절히 호소합니다. 여러분 중에서 내가 대화하는 것을 들어 본 분이 있다면 옆 사람에게 내가 그런 주제를 놓고 길게나 짧게 대화하는 것을 들은 적이 있는지에 대해 솔직히 털어놓기를 바랍니다. 그러면 여러분은 주위 사람들의 대답을 듣게 될 것입니다. 주위 사람들이 이 문제에 대해 대답하는 말을 근거로, 여러분은 나에게 쏟아지고 있는 다른 비난들의 진실성 여부도 대체로 판단할 수 있을 것입니다.

내가 선생 역할을 하며 돈을 받는다는 소문도 근거가 없습니다. 이 소문도 앞의 것이나 마찬가지로 진실이 아닙니다. 레온티노이의 고르기아스와 케오스의 프로디코스(Prodicus), 엘리스의 히피아스(Hippias)[7] 같은 유능한 사람들이 가르치는 행위에 대한 대가로 돈을

---

7 이 세 사람은 모두 소피스트들이다. 당시에 소피스트들은 곳곳을 돌면서 자연 과학과 수사학, 문법, 윤리학과 정치학 등 다양한 분야에 걸쳐 강연을 하고 가끔 수 수료를 받았다.

받는 것을 나 자신이 존중할지라도 말입니다. 이 세 사람은 어느 도시나 들어가서 청년들에게 동료 시민들로부터 벗어나라고 설득시킬 수 있습니다.

청년들은 자기 도시의 시민들에게 배우면 무료로 배울 수 있는데도, 굳이 그들을 찾아 옵니다. 청년들은 그들에게 돈을 지급할 뿐만 아니라, 돈을 지급하는 것이 허용되는 경우에 그 같은 사실에 감사하는 마음까지 품습니다.

실제로 아테네에 파로스 섬 출신의 철학자가 거주하고 있으며, 그 철학자에 대해서는 나도 들은 바가 있습니다. 그에 관한 이야기는 이런 식으로 듣게 되었지요. 소피스트들에게 막대한 돈을 쓴 사람을 만난 적이 있습니다. 히포니코스(Hipponicus)의 아들 칼리아스(Callias)[8]였습니다. 그에게 아들들이 있다는 것을 아는 터라, 그에게 이렇게 물었습니다.

"칼리아스여, 만약 그대의 두 아들이 망아지나 송아지라면, 그들을 훈련시키고 감시할 사람을 찾는 데 전혀 어려움을 겪지 않을 걸세. 말을 훈련시키는 사람을 고용하거나, 망아지와 송아지에게 적절한 태도와 능력을 가르쳐서 완전하게 가꿀 수 있는 농민을 고용하면 될 테니까. 하지만 인간인 그대의 아들들을 가르치고 가꾸는 일을 맡길 사람으로는 누가 적절하다고 생각하는가? 인간과 시민으로서 갖춰야 할 덕성을 이해하는 사람은 누구인가? 그대는 아들을 두고 있기에 틀림없이 이 문제에 대해 고민해 보았을 걸세. 어쨌든 그런 사

8　그리스에서 가장 부유했던 사람 중 한 사람이었으며, 소피스트들을 적극적으로 후원했다.

람이 있는가?"

그러자 칼리아스가 "있습니다."라고 대답하더군요.

그래서 내가 물었지요.

"그가 누구이며, 어느 나라 사람인가? 그리고 그는 돈을 받는가?"

그가 이렇게 대답했습니다.

"파로스 섬 출신인 에베노스(Evenus)[9]입니다. 그 사람은 남자이며, 그가 받는 수업료는 5미나[10]입니다."

이 말을 듣고, 나는 혼잣말로 이렇게 말했지요. 에베노스가 진정으로 전문 지식을 갖춘 상태에서 적절한 수업료를 받고 가르친다면, 그 사람이야말로 정말로 행복한 사람이라고 말입니다. 나도 그런 지식을 갖추고 있다면 틀림없이 매우 자랑스러워하며 우쭐댔을 것입니다. 오, 아테네 시민들이여, 그러나 진실은 나에게 그런 종류의 지식은 전혀 없다는 것입니다.

이 대목에서 누군가가 불쑥 이렇게 물을 수도 있겠지요.

"소크라테스여, 그러면 이런 일이 왜 일어났습니까? 당신을 향한 이 비난들은 어디서 비롯되었습니까? 틀림없이, 당신이 하는 행위에 이상한 구석이 있어서 그런 일이 벌어지지 않았습니까? 당신이 다른 남자들과 비슷하다면, 이처럼 큰 명성과 당신을 둘러싼 소문은 절대로 생겨나지 않았을 것입니다. 당신을 성급하게 판단하는 우를 범하는 일은 없어야 하니, 왜 이런 일이 벌어졌는지 설명해 주시오."

---

9 시인과 웅변가로 알려져 있다.

10 공적인 일에 종사하는 사람의 하루 일당이 은화 1드라크마였는데, 1미나는 100 드라크마이다.

지금 나는 이 같은 질문을 합당한 것으로 여기며, "현자"라는 명칭과 그 불길한 명성의 기원에 대해 여러분에게 설명하도록 하겠습니다. 그러니 주의를 기울여 들어주길 바랍니다. 그리고 여러분 중 일부가 내가 농담을 하고 있다고 생각할지라도, 나는 여러분에게 전적으로 진실만을 말할 것이라고 감히 선언합니다.

아테네의 남자들이여, 그런 나의 평판은 나에게 있는 어떤 종류의 지혜에서 비롯되었습니다. 여러분이 어떤 종류의 지혜냐고 묻는다면, 나는 인간이 성취할 수 있는 지혜라고 대답할 것입니다. 그렇게 대답하는 이유는 내가 인간이 닿을 수 있는 선까지만 현명하다고 믿기 때문입니다. 반면에 내가 방금 언급한 사람들은 아마 초인간적인 지혜를 갖고 있을 것입니다. 나는 그런 지혜에 대해선 설명하지 못합니다. 나 자신이 그런 지혜를 갖고 있지 않기 때문입니다. 내가 그런 지혜를 갖고 있다고 말하는 사람들은 근거 없이 말하고 있으며, 나라는 인물의 인격을 훼손시키고 있습니다.

여기서, 아테네의 남자들이여, 여러분에게 내가 얼토당토않은 말을 하는 것처럼 보이더라도 나의 말을 가로막고 나서지 말아달라고 간청하고 싶습니다. 앞으로 내가 하게 될 말이 나의 말이 아니기 때문입니다. 나는 여러분에게 충분히 신뢰할 만한 어떤 목격자에 대해 언급하고, 나의 지혜에 대해, 말하자면 나에게 어떠한 지혜라도 있는지에 대해, 있다면 그것이 어떤 지혜인지에 대해 말할 것입니다. 목격자는 바로 델포이의 신[11]입니다.

---

11 아폴론을 말한다. 아폴론은 치료와 예언, 순화, 음악과 시의 신이며 청년을 보살피는 것으로 알려져 있다.

틀림없이 여러분은 카이레폰(Chaerephon: B.C. 5세기)[12]이라는 사람을 잘 알 것입니다. 그는 일찍부터 나의 친구였으며, 여러분의 친구이기도 합니다. 그가 여러분 중 일부와 함께 망명 생활을 하다가 같이 돌아왔지요.[13] 여러분도 카이레폰이라는 사람이 어떤 인물인지를, 매사에 매우 진지하게 임한다는 것을 잘 알고 있습니다.

어떤 특별한 일을 앞두고, 그가 델포이[14]로 가서 사제에게 대담하게 물었답니다. 그런데 앞에서 말한 바와 같이, 나는 여러분에게 나의 말을 끊지 말기를 간곡히 부탁드려야 합니다. 그가 사제에게 누구든 소크라테스보다 더 현명한 사람이 있는지 물었던 것입니다. 그 질문에 델포이의 여사제가 나보다 더 현명한 사람은 절대로 없다고 대답했답니다. 카이레폰은 이미 죽은 몸이지만, 이 법정에 와 있는 그의 동생[15]이 이 이야기의 진실성을 확인해 줄 수 있습니다.

내가 왜 이 이야기를 끄집어내겠습니까? 이유는 내가 그런 불길한 명성을 얻게 된 연유를 여러분에게 설명하기 위함입니다. 그 대답을 들었을 때, 나는 혼잣말로 이렇게 물었습니다. 그 신은 무슨 의미

12　소크라테스의 가장 충직한 친구이자 추종자이다.

13　B.C. 404년에 '30인 참주'가 집권했을 때, 민주주의 집단의 구성원들은 아테네를 떠났다. 그들은 이듬해 30인 참주 정권이 붕괴하자 아테네로 돌아왔다.

14　델포이 신탁은 고대 세계에서 가장 유명한 신탁 중 하나이다. 신탁을 묻는 방법은 두 가지였다. 하나는 양이나 염소를 제물로 바치는 것이었으며, 비용이 꽤 많이 들고 결과는 글로 나왔다. 다른 방법은 콩 두 알로 하는 것으로, 비용이 쌌고 대답은 추첨식이었다. 카이레폰이 찢어지게 가난한 것으로 알려져 있기 때문에 후자의 방법을 택했을 확률이 높다.

15　카이레크라테스(Chaerecrates)를 말한다.

로 그렇게 대답했을까? 그리고 이 수수께끼를 어떻게 해석해야 할까? 나 자신이 사소한 것이든 위대한 것이든 그 어떤 지혜도 갖고 있지 않다는 것을 잘 알고 있기 때문이지요.

그렇다면 그 신은 내가 가장 현명한 사람이라고 말함으로써 무엇을 의미할 수 있을까요? 틀림없이, 신은 거짓말을 할 수 없습니다. 거짓말은 신의 본질에 반하기 때문입니다.

오랫동안 깊이 생각한 끝에, 나는 마침내 그 문제를 푸는 방법을 생각해내기에 이르렀습니다. 나보다 더 현명한 사람을 찾아내기만 하면, 내가 반박할 증거를 갖고 직접 그 신을 찾을 수 있을 것이라는 생각이 들었지요. 그러면 나는 신에게 이렇게 말할 수 있을 것입니다. "여기 나보다 더 현명한 인간이 있습니다만, 신께서는 내가 가장 현명한 인간이라고 하셨습니다."

그래서 나는 지혜로운 사람이라는 명성을 누리고 있던 사람을 찾아가서 그 사람을 조사했습니다. 그의 이름을 굳이 언급할 필요는 없으며, 그 사람은 내가 조사를 위해 선택한 어느 정치인이었습니다. 결과는 다음과 같습니다. 그와 대화를 시작했을 때, 비록 그가 많은 사람들에게 현명한 사람으로 여겨지고 자기 자신에게는 더욱더 현명한 존재로 여겨지고 있었을지라도, 나는 그가 진정으로 현명하지 않다는 생각을 결코 떨칠 수 없었습니다. 나는 그 사람에게 스스로 현명하다고 생각하고 있을지라도 실제로는 현명하지 않다는 점을 설명하려고 노력했습니다. 그 결과, 그가 나를 증오하게 되었고, 그 자리에서 나의 말을 들은 몇몇 사람들도 그의 적의를 공유하게 되었답니다.

그래서 나는 그 사람을 떠나오면서 이렇게 생각했습니다. 우리 두 사람 중 어느 한 사람이 정말로 아름답고 훌륭한 무엇인가를 알고 있다고 생각되지는 않지만, 그래도 그 사람보다는 내가 낫다고 말입니다. 왜냐하면 그는 아무것도 모르면서도 자신이 알고 있다고 생각하는 반면에, 나는 알지도 못하고 안다고 생각하지도 않기 때문이지요. 자신이 안다고 생각하지 않는다는 점에서, 내가 그 사람보다 약간 더 나은 것 같습니다.

이어서 나는 철학적 자부심이 대단히 강했던 사람을 찾았으며, 나의 결론은 앞의 사람과 똑같았습니다. 그로 인해 나는 적을 한 사람 더 만들었으며, 그 사람 외에 그곳에 있던 다른 많은 사람들도 나의 적이 되었습니다.

그 후에도 나는 상대방의 적대감을 자극한다는 사실을 잘 알면서도 사람들을 한 사람씩 차례로 찾았습니다. 적대감을 자극한다는 사실이 두렵기도 하고 슬프기도 했지만, 나에게는 그 일이 숙명이라는 생각이 들었습니다. 아폴론 신의 말씀을 우선적으로 고려해야 한다고 생각했으니까요. 그리고 나는 스스로에게 말했습니다. 지혜가 깊은 것처럼 보이는 사람들을 모두 찾아가서 그 신탁의 의미를 발견해야 한다고 말입니다.

아테네 시민들이여, 개[16]를 걸고 여러분에게 맹세합니다. 내가 여러분에게 진실을 말해야 하기 때문이지요. 나의 임무에서 나온 결과는 이렇습니다. 최고의 평판을 누리는 남자들이 거의 틀림없이 가장

---

16 개의 머리를 가진 이집트 신 아누비스를 뜻하는 것 같다. 이것은 특별한 종교적 의미를 지니는 것이 아니라 강조의 의미를 지닌다.

어리석은 자들이었으며, 일부 열등한 남자들이 진정으로 더 현명하고 더 훌륭하다는 것이 확인되었습니다.

여러분에게 내가 현명하기로 소문난 사람들을 찾아 방랑하던 이야기를, 나 자신이 그 과제를 "헤라클레스의 과업"이라고 부르는데, 그 과업에 관한 이야기를 들려줄 것입니다. 그 과업을 다 끝내면서, 나는 최종적으로 그 신탁이 반박의 여지가 없는 것이라는 사실을 확인할 수 있었답니다.

나는 정치인들을 거친 뒤에 시인들에게 갔습니다. 비극적인 시를 쓰는 시인과 주신(酒神)[17] 찬가를 쓰는 시인을 비롯해 온갖 부류의 시인들을 두루 찾았지요. 그때마다 나는 속으로 나 자신에게 이렇게 말했습니다.

"이제 곧 너의 정체가 탄로 날 거야. 너는 너 자신이 그들보다 더 무지하다는 사실을 알게 될 거야."

그래서 나는 시인들이 나에게 무엇인가를 가르쳐줄 것이라고 기대하면서 그들에게 그들의 작품 중에서 가장 정성 들여 쓴 단락을 들이밀면서 그것이 무슨 뜻인지를 물었습니다.

여러분은 나를 믿으시겠습니까? 나는 너무나 수치스러워 진실을 말할 수 없을 것 같지만, 그럼에도 그것을 밝혀야 합니다. 한마디로 말해, 여기 있는 거의 모든 사람들이 그들의 시에 대해 그들보다 더 잘 설명할 수 있을 것입니다. 시인들은 시를 지혜로 쓰는 것이 아니라 일종의 천재성과 영감에 따라 쓴다는 사실이 금방 나의 눈에 들

17　디오니소스 신을 말한다.

어왔습니다. 시인들은 멋진 말을 많이 하는 예언가나 점쟁이들과 비슷하지만, 그 멋진 말의 의미를 이해하지는 못합니다.

나의 눈에 시인들은 예언가나 점쟁이들과 별로 달라 보이지 않았습니다. 더 나아가, 나는 시인들이 자신이 쓴 시의 힘을 근거로 자신이 잘 알지 못하는 다른 일에서도 가장 현명하게 처신한다고 믿고 있다는 사실을 관찰할 수 있었습니다. 그래서 나는 나 자신이 정치인들보다 더 탁월한 이유와 똑같은 이유로 시인들보다 더 탁월하다고 생각하며 그들을 떠났습니다.

마지막으로 나는 장인(匠人)들에게 갔습니다. 내가 말하듯이, 나는 아무것도 모르지만, 그들은 멋진 것을 아주 많이 알고 있을 것이라는 확신이 나에게 있었기 때문입니다. 이 점에서는, 내가 판단을 잘못하지 않았습니다. 그들이 내가 모르는 것을 많이 알고 있었으니까요. 그런 측면에서, 그들은 확실히 나보다 똑똑했습니다.

그러나 나는 훌륭한 장인들까지도 시인들과 똑같은 오류를 저지르고 있다는 사실을 관찰했습니다. 왜냐하면 그들이 훌륭한 장인이라는 한 가지 이유만으로 온갖 종류의 고차원적인 문제들을 잘 알고 있다고 생각하고 있었기 때문입니다. 이 결함이 그들의 내면에서 지혜를 완전히 가려버렸지요.

그래서 나는 신탁 대신에 나 자신에게 물었습니다. 장인들의 지식도 갖지 않고 그들의 무지도 갖지 않은 현재의 내 모습처럼 살기를 원하는지, 아니면 그들처럼 지식과 무지를 다 갖추기를 원하는지를 말입니다. 내가 나 자신과 신탁에 제시한 대답은 지금 나의 모습으로 남는 것이 나에게 더 이롭겠다는 것이었습니다.

이 검증이 대단히 위험하고 대단히 악질적인 적을 많이 낳고, 많은 비방을 불러일으킨 한편으로, 내가 현명하다는 소리를 듣게 만들었습니다. 이유는 나의 말을 들은 사람들이 내가 다른 사람들에게서 결여된 것으로 확인한 그 지혜를 나 자신은 갖고 있다고 언제나 상상하기 때문입니다.

오, 아테네의 남자들이여, 그러나 진실은 신만이 현명하다는 것입니다. 그리고 이 신탁을 통해서 아폴론 신은 인간들의 지혜는 보잘것없거나 아무것도 아니라는 뜻을 전하고 있습니다. 그 신은 소크라테스에 대해 말하고 있지 않습니다. 단지 하나의 예로서 나의 이름을 이용하고 있을 뿐입니다. 말하자면, 그 신은 이렇게 말하고 있습니다.

"죽을 운명을 타고난 인간들이여, 그대들 중에서, 소크라테스처럼 지혜에 관한 한 자신이 진정으로 아무런 가치를 지니지 않는다는 사실을 깨달은 자가 가장 현명하다는 것을 알아야 하느니라."

그래서 나는 그 신의 뜻에 복종하며 나의 길을 걸으면서, 시민이든 이방인이든 현명해 보이는 사람이 있으면 누구든 그를 대상으로 삼아 지혜를 조사하고 있습니다. 그러다가 만약 그 사람이 지혜롭지 않은 것으로 드러나면, 그때는 그 신탁을 옹호하며 나는 그가 현명하지 않다는 점을 그에게 보여줍니다. 이 일이 나의 시간을 꽤 많이 빼앗습니다. 그래서 나에겐 공적 관심사나 나 자신의 개인적인 일에 쏟을 시간이 전혀 없으며, 그런 식으로 신에 헌신하다 보니 나 자신은 더없이 가난한 처지입니다.

다른 문제가 하나 더 있습니다. 할일이 그리 많지 않은 부유한 계층의 청년들이 자발적으로 나에게 접근해 온다는 사실입니다. 그 청년들은 현명한 척 구는 사람들이 나에게 검증 당하는 것을 듣기를 원합니다. 그들은 종종 나를 모방하며 다른 사람들을 직접 검증하기도 하지요. 청년들이 금방 확인하게 되듯이, 자신이 뭔가를 알고 있다고 생각하고 있지만 실제로 보면 아는 것이 거의 없거나 전혀 없는 인물들이 세상에 수두룩합니다.

그러면 청년들에게 시험 당한 사람들이 청년들에게 화를 내지 않고 엉뚱하게 나에게 분풀이를 합니다. 청년들에게 당한 사람들은 "이 괘씸한 소크라테스!"라며 울분을 삼킵니다. "극악무도하게도 청년들을 잘못된 길로 이끌다니!"라며 분통을 터뜨립니다. 그러면 누군가가 그들에게 이렇게 묻습니다.

"왜 그러십니까? 소크라테스가 어떤 악행이라도 저질렀습니까? 아니면 그릇된 것을 가르쳤습니까?"

청년들에게 분통을 터뜨리는 사람들은 아무것도 알지 못하기 때문에 이 사람의 질문에 대답하지 못합니다. 그러나 그들은 자신이 당황하는 것처럼 비치지 않기 위해서 모든 철학자들을 비난할 목적으로 언제나 머릿속에 준비해 둔 말을 되풀이합니다. 하늘 높은 곳에 있거나 땅 아래에 있는 것들에 대해 가르치려 한다거나, 신을 절대로 믿지 않는다거나, 허약한 논증을 강력한 논증처럼 꾸민다는 식으로, 판박이 비판을 제시합니다. 이유는 그들이 지식이 깊은 것처럼 꾸미고 있다는 것이 탄로 났다는 사실을 고백하고 싶지 않기 때문이지요. 그들이 아는 척 굴다가 무식이 들통 났다는 것이 진실인데도 말입니다.

그런 사람들이 수적으로 많고, 야심적이고, 활동적이고, 전투적이고, 설득력 있는 언어를 구사하는 능력을 갖추고 있기 때문에, 그들은 상습적으로 여러분의 귀를 비방으로 가득 채우고 있습니다. 그리고 그것이 나를 고발한 세 사람, 즉 멜레토스와 아니토스, 리콘이 나를 공격하는 근거입니다.

멜레토스는 시인들을 대표하여, 아니토스는 장인들과 정치인들을 대표하여, 리콘은 웅변가들을 대표하여 각각 나와 토론을 벌이며 괴롭힘을 당했습니다. 처음에 말했듯이, 나는 짧은 시간 안에 이 비방을 모조리 제거하리라고 기대할 수 없습니다. 아테네의 남자들이여, 이것이 진실이고 절대적인 진실입니다. 나는 아무것도 숨기지 않았습니다. 나는 아무것도 가장하지 않았습니다. 그럼에도 나는 발언의 이런 솔직함이 그들이 나를 미워하도록 만들었다는 것을 알고 있습니다.

그렇다면 그들의 증오가 내가 진실을 말하고 있다는 사실을 뒷받침하는 증거가 아니고 무엇이겠습니까? 여러분이 이 심문이나 앞으로 있을 추가 심문을 통해 확인하겠지만, 이것이 그들이 나를 중상하는 이유입니다.

첫 번째 부류의 비난자들의 비난에 대한 변론으로는 이 정도면 충분할 것 같습니다.

이제는 스스로를 선하고 애국적인 인간으로 여기고 있는 멜레토스가 주도하는 두 번째 부류의 고발자들 쪽으로 관심을 돌리겠습니다. 지금부터는 그들에 맞서 나 자신을 변호하고자 합니다. 이 새로운 고발자들의 진술서도 읽어야 합니다. 그들은 뭐라고 말하고 있습니까? 요약하면 대략 이렇습니다.

소크라테스는 악행을 저지르는 자이고 청년들을 타락시키는 자이며, 국가의 신들을 믿지 않고 자신만의 새로운 신들을 갖고 있다.

그렇다면, 그런 것이 나의 혐의입니다. 이제 그 혐의를 구체적으로 검토하도록 하겠습니다. 멜레토스는 내가 청년들을 타락시키는 악행을 저지르는 사람이라고 합니다만, 아테네의 남자들이여, 나는 멜레토스가 악행을 저지르는 사람이라고 생각합니다. 그의 악행은 바로 중대한 문제를 농담처럼 가볍게 여기고, 진정한 관심을 조금도 주지 않는 문제에 관심과 열정을 쏟는 척 꾸미며 다른 사람을 너무도 쉽게 법정으로 끌어들이는 행위입니다. 나는 이 같은 주장의 진실을 증명해 보이려 합니다.

(소크라테스가 심문하는 장면은 누가 말했다는 식의 표현을 반복하는 번거로움을 피하기 위해 대화 형식으로 바꾼다/옮긴이)

소크라테스: 멜레토스여, 이리 나와서 나의 질문에 답하시오. 당신은 청년들을 향상시키는 일에 대해 많이 생각합니까?

멜레토스: 예, 그렇습니다.

소크라테스: 그렇다면, 재판관들 앞에서 누가 청년들을 훌륭하게 양성하는 사람인지 말해 보시오. 당신이 청년들을 타락시키는 자를 발견하는 수고를 감수하며 나를 고발해 재판관 앞에 세웠으니, 당신은 그런 사람이 누구인지를 알고 있어야만 하기 때문이오. 말해 보시

오. 재판관들에게 청년을 향상시키는 자가 누구인지 말하시오.

멜레토스여, 당신은 할 말이 없어 침묵하고 있다는 것을 알아야 합니다. 그건 수치스러운 일 아닙니까? 또 내가 하는 말을, 그러니까 당신이 그런 문제에 전혀 관심이 없다는 사실을 꽤 확실히 뒷받침하는 증거가 아닙니까? 오, 친구여, 우리 앞에서 큰 소리로 말해 보시오. 청년들을 향상시키는 자가 누군지를.

멜레토스: 법(法)이지요.

소크라테스: 똑똑한 친구로군. 그러나 나의 말은 그런 뜻이 아니오. 나는 그런 사람이 누군지를, 무엇보다 먼저, 법을 아는 사람이 누군지를 알고 싶소.

멜레토스: 소크라테스, 법정에 있는 배심원들이오.

소크라테스: 멜레토스, 배심원들이 청년들을 가르치고 향상시킬 수 있다는 말은 무슨 뜻이오?

멜레토스: 틀림없이 그들은 그렇게 할 수 있습니다.

소크라테스: 그들 모두가 그렇게 할 수 있단 말이오? 아니면 일부만 그렇게 할 수 있고, 다른 사람들은 그렇게 하지 못한다는 말이오?

멜레토스: 모두 다 할 수 있습니다.

소크라테스: 헤라 여신[18]을 걸고 맹세하건대, 그건 좋은 소식이오. 그렇다면 청년들을 가르치고 향상시키는 사람들이 아주 많군. 그리고 여기 있는 방청객은 어떻습니까? 그들도 청년들을 보다 훌륭한 존재로 향상시킵니까?

---

18 올림포스 12신 중 하나로 신들의 여왕이며, 최고의 신 제우스의 아내이다.

멜레토스: 예, 그들도 마찬가지지요.

소크라테스: 그리고 평의회[19]의 위원들도?

멜레토스: 예, 평의회 위원들도 청년들을 향상시킵니다.

소크라테스: 그러나 아마 민회 의원들은 청년들을 타락시키겠지? 아니면 그들도 청년들을 향상시킵니까?

멜레토스: 그들도 청년들을 향상시킵니다.

소크라테스: 그렇다면 나만 빼고 모든 아테네 주민들이 청년들을 향상시키고 고상하게 가꾼다는 뜻이로군. 모두가 청년들을 향상시키고, 나만 그들을 타락시킨다는 것인가? 그것이 당신이 강력히 주장하는 바인가?

멜레토스: 내가 주장하는 것이 바로 그것입니다.

소크라테스: 그것이 진실이라면 나는 참으로 불행한 사람이로군. 그러나 당신에게 질문을 하나 하겠소. 말(馬)들의 경우에도 당신은 이것이 진실이라고 말할 겁니까? 한 인간만 말들에게 해를 입히고 그를 제외한 세상 전부가 말들을 유익하게 할 수 있습니까? 이와 정반대가 진실 아닙니까? 한 사람은 말들을 이롭게 할 수 있지만, 적어도 많은 사람들은 말들을 이롭게 하지 못하지 않습니까?

말하자면, 말을 훈련시키는 사람은 말들을 이롭게 하고, 그 외의 사람들 대다수는 말들과 관계를 맺고 이용하는 경우에 오히려 말에게 피해를 입히지 않습니까? 멜레토스여, 말을 비롯한 동물들의 경우에는 그것이 진실 아닙니까? 틀림없이 그렇습니다. 당신과 아니토

---

19 평의회는 500명으로 구성되었다. 아테네의 10개 부족이 각자 30세 이상 남자 50명을 뽑았다.

스가 그렇다고 하든 그렇지 않다고 하든, 그건 전혀 중요하지 않습니다. 만약 젊은이들이 그들을 타락시키는 존재가 딱 한 사람 있고 세상의 나머지는 모두 그들을 향상시키는 그런 조건에서 산다면, 그것은 정말로 청년들에게 행복한 일일 것이오. 그런데 멜레토스여, 당신은 청년들에 대해서 어떤 생각도 갖고 있지 않다는 것을 충분히 보여주었습니다. 당신이 나를 재판정에 세운 그 문제들에 대해 전혀 관심이 없다는 사실도 확인되었습니다.

멜레토스여, 질문이 하나 더 있습니다. 나쁜 시민들 틈에서 사는 것이 더 바람직한가, 아니면 선량한 시민들 사이에서 사는 것이 더 바람직한가? 친구여, 대답하시오. 쉽게 대답할 수 있는 질문입니다. 선량한 사람들은 이웃을 이롭게 하고, 나쁜 사람들은 이웃에게 해를 끼치지 않습니까?

멜레토스: 물론입니다.

소크라테스: 함께 어울려 사는 사람으로부터 도움을 받지 않고 피해를 입으려 하는 사람이 있습니까? 선하다는 친구여, 대답하시오. 당신은 법적으로 대답하게 되어 있습니다. 피해를 입기를 원하는 사람이 있습니까?

멜레토스: 절대로 없습니다.

소크라테스: 그리고 내가 젊은이들을 타락시킨다고 비난할 때, 당신은 내가 그들을 의도적으로 타락시킨다고 단정합니까, 아니면 의도하지 않게 그렇게 한다고 단정합니까?

멜레토스: 의도적으로 그렇게 하고 있지요.

소크라테스: 그러나 당신은 방금 선한 사람들은 이웃에게 선한

영향을 끼치고 악한 사람들은 악한 영향을 끼친다는 점을 인정했습니다. 그렇다면 그것은 당신의 탁월한 지혜가 그렇게 젊은 나이에 깨달은 진리입니까? 그런데 이렇게 늙은 나는 함께 살아야 할 사람이 나에 의해 타락하는 경우에 나 또한 그로 인해 피해를 입을 가능성이 아주 크다는 사실을 모를 만큼 무지와 암흑 속에 갇혀 있단 말입니까? 의도적으로 사람들을 타락시킬 만큼? 지금 당신이 하는 말이 바로 그런 뜻이니 말입니다.

그 점에 대해 당신은 나나 다른 사람들을 절대로 설득시키지 못할 것입니다. 아니, 내가 젊은이들을 타락시키지 않거나, 만약 내가 그들을 타락시키고 있다면 그것은 본의 아니게 타락시키고 있는 것이지요. 그러니 어느 경우든 당신은 거짓말을 하고 있습니다.

만약 나의 죄가 의도하지 않은 것이라면, 법은 의도하지 않은 죄에 대해서는 전혀 아무런 언급을 하고 있지 않습니다. 당신은 나를 개인적으로 불러서 경고하고 훈계했어야 했지요. 그런 식으로 훌륭한 조언을 받았더라면, 나는 의도하지 않게 했던 행위까지도 즉각 그만두었을 것입니다. 틀림없이 그랬을 것입니다. 그런데 당신은 그런 방법을 택하지 않고 나와 대화하거나 나를 가르치는 것을 혐오하며 나를 훈계의 장소가 아니라 곧장 처벌의 장소인 법정에 세우는 쪽을 택했습니다.

아테네의 남자들이여, 내가 앞에서 말한 바와 같이, 나는 멜레토스가 그 문제에 대해 크든 작든 어떤 관심도 갖지 않았다는 사실을 증명해 보였습니다. 그러나 멜레토스여, 알고 싶은 것이 한 가지 더 있습니다. 내가 어떤 측면에서 젊은이들을 타락시키고 있다는 말입니까? 당신의 고발을 근거로 추론하면, 당신은 내가 젊은이들에게 국가가 인정하는 신들을 인정하지 말고 다른 새로운 신들 또는 영적 힘을 인정하라고 가르친다고 판단하고 있습니다. 당신이 말하듯이, 이런 것들이 젊은이들을 타락시키는 가르침입니까?

멜레토스: 내가 단호히 주장하는 바가 바로 그것입니다.

소크라테스: 멜레토스여, 그렇다면 우리가 지금 얘기하고 있는 신들을 걸고, 나를 위해서, 그리고 이 법정의 신사들을 위해서 조금 더 쉬운 말로 설명해 보시오. 당신도 보다시피, 나는 당신이 의미하는 바를 이해하지 못하고 있습니다. 당신이 말하는 신들이 어떤 것인지를! 아직 내가 알지 못하는 부분이 있어서 부탁하고 있습니다.

당신은 내가 다른 사람들에게 어떤 신을 인정하라고 가르친다고 단언합니까? 그렇다면 내가 신의 존재를 스스로 인정하고 있고, 따라서 내가 철저한 무신론자가 아니며 신들을 믿지 않는 죄를 저지르지 않았다는 말입니까? 그런데 그 신들이 도시가 인정하는 신들이 아니고 다른 신들이라는 뜻입니까? 신들이 도시의 신이 아니고 다른 신이라는 것이 당신이 나를 비난하는 이유입니까? 아니면 내가 어떠한 신도 인정하지 않는다고 말하고 있습니까? 그리고 그것이 내가 타인들에게 가르치는 내용이란 말입니까?

멜레토스: 후자입니다. 철저한 무신론자라는 뜻입니다.

소크라테스: 멜레토스여, 당신은 참으로 기이한 사람이군요. 그렇게 말하는 근거가 뭡니까? 그렇다면, 내가 다른 인간들과 달리 해와 달이 신이라는 점을 인정하지 않는다는 뜻입니까?

멜레토스: 절대로, 배심원단의 신사들이여, 저 사람은 해와 달의

신을 믿지 않습니다. 그가 태양은 돌이고 달은 흙이라고 말하고 있으니까요.

소크라테스: 존경스런 멜레토스여, 당신은 지금 아낙사고라스 (Anaxagoras)[20]를 고발한 것으로 착각하고 있군요. 당신은 배심원단을 얕보고 있지 않습니까? 이 법정의 배심원단이 클라조메나이 출신의 아낙사고라스의 책들이 그런 주장으로 넘쳐난다는 사실을 모를 정도로 무식하다고 생각합니까? 이것들은 젊은이들이 소크라테스에게서 배우는 것으로 여겨지고 있는 견해들입니다. 극장(입장료는 기껏 1드라크마) 무대에 그 견해들이 자주 올려지고 있는 때에 말입니다. 청년들은 그런 견해들을 싸게 구입할 수 있습니다. 그런 마당에 만약 소크라테스가 그런 별난 것들을 처음 제시하는 것처럼 군다면, 청년들이 그를 비웃습니다. 멜레토스여, 그런데도 당신은 내가 어떤 신도 믿지 않는다고 진정으로 생각합니까?

멜레토스: 제우스 신을 걸고, 나는 당신이 아무 신도 믿지 않는다고 맹세합니다.

소크라테스: 멜레토스여, 당신은 당신 자신조차도 믿지 못하는 거짓말쟁이군요. 오, 아테네의 남자들이여, 나는 멜레토스가 무모하고 뻔뻔스럽다는 생각을, 그리고 그가 단순히 방종과 젊음의 허세에 휩싸여 이 고발장을 작성했다는 생각을 지울 수 없습니다. 정말로, 그가 나를 시험하기 위해 수수께끼를 하나 엮어낸 것 같습니다. 이런

---

20 소아시아 지역인 이오니아의 클라조메나이 출신 철학자(B.C. 500?-B.C. 428?)이다. 혼돈스런 원소들에 질서를 부여하며 만물을 이루게 하는 운동 원리로 누스를 강조했다. B.C. 456년경에 아테네에 정착했다가 B.C. 436년경에 불경죄로 기소되는 것을 피하기 위해 고향으로 돌아갔다.

수수께끼이지요.

'현자라 불리는 소크라테스는 내가 장난삼아 제시하는 모순을 발견해낼까? 아니면 내가 청중들과 함께 그를 바보 취급할 수 있을까?'

나에게는 그가 고발장에서 소크라테스가 신들을 믿지 않으면서도 여전히 신을 믿는 죄를 저질렀다고 말하는 것처럼 들리기 때문입니다. 그가 모순된 말을 하고 있는 것이나 마찬가지입니다. 이건 틀림없이 말장난에 불과합니다.

오, 아테네의 남자들이여, 여러분도 내가 그의 모순을 심문하는 일에 동참해주길 부탁드립니다. 멜레토스여, 대답하시오. 그리고 내가 평소에 하던 대로 말하더라도 여러분이 나의 말을 자르려고 해서는 안 된다는 점을 다시 상기시킵니다.

멜레토스여, 인간의 것들이 존재한다는 점을 인정하면서도 인간의 존재를 믿지 않는 사람이 있습니까? 아테네의 남자들이여, 나는 멜레토스가 이 물음에 대답하기를 바라며 그가 항의를 연속적으로 제기하지 않기를 바랍니다. 말을 타는 기술을 인정하면서도 말의 존재를 인정하지 않는 사람이 있습니까? 아니면 피리 연주를 인정하면서도 피리 연주자의 존재를 인정하지 않는 사람이 있습니까? 친구여, 절대로 그런 사람은 없습니다. 당신이 대답하기를 원하지 않는다면, 내가 당신과 이 법정의 다른 사람들을 대신해 대답해야 합니다. 그런 사람은 절대로 있을 수 없습니다. 그러나 다음 질문에 대답해주길 바랍니다. 영적이고 신성한 힘들을 믿으면서 영(靈)이나 반신(半神)을 믿지 않는 사람이 있습니까?

멜레토스: 그런 사람은 절대로 없습니다.

소크라테스: 법정의 도움으로 그런 대답을 끌어낼 수 있어서 다행입니다. 그럼에도 불구하고, 당신은 고발장에서 새로운 것이든 익숙한 것이든, 내가 신성하거나 영적인 힘들을 믿으며 그것들에 대해 가르치고 있다고 했습니다. 어쨌든, 당신이 진술서에서 말하고 맹세하듯이, 나는 영적인 힘들을 믿고 있습니다. 신성한 존재들을 믿는 나는 영이나 반신을 믿고 있음에 틀림없습니다. 그게 진실이 아닙니까? 그게 진실입니다. 당신의 침묵을 나의 말에 동의하는 것으로 받아들이겠습니다. 그렇다면, 영이나 반신은 무엇입니까? 신이나 신의 자식 아닙니까? 그렇지 않습니까?

멜레토스: 맞습니다.

소크라테스: 그래서 내가 당신이 교묘한 수수께끼를 가지고 나를 놀리고 있다고 말했던 것입니다. 당신은 처음에 내가 신을 믿지 않는다고 말해놓고는 다시 내가 신을 믿는다고 말하고 있습니다. 내가 반신을 믿으니 말입니다. 만약 반신이 흔히 생각하는 바와 같이, 신이 님프[21]나 다른 어머니를 통해 낳은 사생아라면, 모든 사람이 이해하듯이, 그것이 반드시 그들의 부모의 존재를 암시하기 때문입니다. 당신은 노새의 존재를 단언하면서도 말과 당나귀의 존재를 부정하는 것이나 다를 바가 없습니다.

멜레토스여, 그런 터무니없는 짓은 당신이 나를 시험하는 것으로만 이용할 수 있을 뿐입니다. 당신이 고발장에 이런 허튼소리를 적은 이유는 진정으로 고발할 것이 나에게 아무것도 없었기 때문입니다.

21　그리스 신화에 나오는 하위의 여신을 말한다. 나무나 물, 산 등 자연과 관계가 깊으며 불멸은 아니라도 꽤 오래 살았다.

그러나 이해력이 조금이라도 있는 사람이라면, 동일한 사람이 신성하고 초인간적인 것을 믿으면서도 신과 반신, 영웅[22]들이 존재한다는 것을 믿지 않을 수 있다는 당신의 주장에 절대로 넘어가지 않을 것입니다.

멜레토스의 고발 내용에 대한 대답은 이것으로 충분합니다. 정교한 변호는 필요조차 하지 않습니다. 그러나 앞에서 이미 밝혔듯이, 나에게는 틀림없이 적이 많습니다. 만약 내가 죽게 된다면, 원인은 바로 그 같은 사실에 있을 것입니다. 그 점을 나는 확신하고 있습니다. 멜레토스도 아니고 아니토스도 아닙니다. 선량한 사람들의 죽음을 많이 야기했고, 앞으로도 아마 그런 죽음을 훨씬 더 많이 야기할 세상의 시기와 중상이 나의 죽음의 원인일 것입니다. 내가 마지막 희생자가 될 가능성은 전혀 없습니다.

누군가는 이렇게 물을지 모르겠습니다.

"소크라테스여, 당신은 부자연스런 죽음을 부른 인생행로에 대해 수치스럽게 생각하지 않습니까?"

그 사람에게 나는 당당하게 이렇게 대답할 것입니다.

"당신은 잘못 생각하고 있습니다. 어떤 일에 이로운 사람은 살거나 죽을 가능성을 계산해서는 안 됩니다. 그 사람은 그 일을 하면서 자신이 옳은 일을 하고 있는지 그른 일을 하고 있는지만, 말하자면, 선한 인간의 역할을 하고 있는지 악한 인간의 역할을 하고 있는지만

---

22   영웅들은 신과 인간의 자식으로 반신이다. 그러므로 영웅의 존재는 신의 존재를 전제한다. 따라서 신들의 존재를 부정하는 자는 영웅의 존재도 부정한다.

고려하면 됩니다. 한편, 당신의 견해에 따르면, 트로이 전쟁에서 쓰러진 영웅들은 그다지 훌륭하지 않았으며, 특히 불명예에 비하여 위험을 거의 무시했던 테티스(Thetis)의 아들[23]은 정말로 훌륭하지 않지요. 여신인 그의 어머니가 헥토르(Hector)[24]를 살해하려는 욕망에 사로잡혀 있는 아들에게 만약 그가 동료 파트로클로스(Patroclus)[25]의 죽음을 복수하기 위해 헥토르를 죽인다면 그 다음에는 그 자신이 죽음을 맞게 될 것이라고 말했습니다. 그 여신이 "헥토르의 죽음 뒤에는 너의 죽음이 따르게 되어 있어."라고 말하자, 그는 위험과 죽음을 완전히 무시했지요. 그는 위험과 죽음을 두려워하는 것이 아니라 친구의 죽음을 복수하지 않고 불명예의 멍에를 짊어지고 사는 것을 두려워했습니다. 그는 "여기 이승에서 앞부분이 돌출한 선박들 옆에 남아서 웃음거리가 되고 이 땅에 짐이 되느니 차라리 적에게 복수하고 다음 차례에 죽는 길을 택하겠습니다."라고 대답했지요. 당신은 그런 아킬레우스가 죽음과 위험에 대해 걱정했다고 진정으로 생각합니까?

오, 아테네의 남자들이여, 그 문제의 진실은 이렇습니다. 남자는 어느 자리에 있든, 그곳이 스스로 선택한 장소이든 사령관의 명령에 따라 정해진 장소이든, 위험한 시기에도 그곳에 여전히 남아 있어야

---

23 그리스 신화에서 주로 바다의 님프로 등장하는 테티스의 아들은 영웅 아킬레우스이다.

24 그리스 신화에 나오는 트로이의 왕자.

25 그리스 신화 속 트로이 전쟁의 영웅으로 아킬레우스가 아꼈던 전우 또는 연인이다.

합니다. 그는 죽음이나 다른 것에 대해 생각해선 안 되며 오직 불명예에 대해서만 생각해야 합니다.

내가 포티다이아(Potidaea) 전투와 암피폴리스(Amphipolis) 전투, 델리움(Delium) 전투[26]에서 여러분이 나를 지휘하도록 선택한 장군들로부터 명령을 받았을 때를 떠올려 보겠습니다. 만약 장군들이 배치한 곳에서 다른 남자들처럼 죽음을 직면하고 있던 내가, 또 나 자신이 지금 생각하고 상상하는 바와 같이, 신으로부터 나 자신과 다른 인간들을 탐구하는 철학적 임무를 수행하라는 명령을 받은 내가 죽음에 대한 두려움이나 그 외의 다른 두려움 때문에 그 장소를 팽개치고 달아난다면, 아테네의 남자들이여, 나의 처신은 정말 이상할 것입니다.

만약 내가 죽음이 두려워 그 신탁에 복종하지 않았다면, 나는 신들의 존재를 부정했다는 이유로 법정에 섰을 것입니다. 그랬다면, 나는 틀림없이 나 자신이 현명하지 않으면서도 현명하다고 상상하고 있었을 것입니다. 죽음에 대한 이런 두려움이야말로 알려지지 않은 것을 아는 척 구는 것이어서, 따지고 보면 진정한 지혜가 아니라 지혜로운 척 꾸미는 것에 지나지 않습니다. 사람들이 두려워하는 상황에서 가장 큰 악으로 여기는 죽음이 실은 가장 위대한 선(善)이 아닌지, 아무도 모르니까요. 여기서, 수치스런 종류의 무지에 속하는, 모르는 것을 안다고 생각하는, 지식에 대한 공상이 보이지 않습니까?

---

26 아테네와 그 동맹들과, 스파르타와 그 동맹국들 사이에 벌어진 펠로폰네소스 전쟁에서 있었던 전투들이다. 소크라테스가 포티다이아 전투와 델리움 전투에서 보인 용맹은 플라톤의 '향연'에 묘사되어 있다.

이 같은 관점이야말로, 내가 생각하는 바와 같이, 나 자신이 대체로 다른 인간들보다 탁월한 부분이고, 아마 다른 사람들보다 더 현명하다고 생각할 수 있는 부분입니다.

나는 땅 아래의 세계에 대해서는 거의 알지 못하기 때문에 안다고 생각하지 않지만, 신이든 인간이든, 보다 훌륭한 존재에게 불복하거나 그런 존재를 부당하게 대하는 것은 사악하거나 수치스런 짓이라는 것을 알고 있습니다. 그리고 나는 확실한 악(惡)보다는 가능한 선(善)을 절대로 두려워하거나 피하지 않을 것입니다.

아니토스는 나를 사형에 처하지 않을 것이라면 차라리 고발하지 않은 것만 못하다고, 또 지금 내가 자유의 몸으로 풀려난다면, 여러분의 아들들이 나의 말에 귀를 기울이게 됨에 따라 완전히 망가질 것이라고 말했습니다. 만약 여러분이 나에게 "소크라테스여, 이번에는 우리가 아니토스의 권고를 따르지 않고 당신을 용서하지만, 한 가지 조건이 있습니다. 그것은 당신이 더 이상 그런 식으로 탐구하거나 사색하지 않아야 한다는 것입니다. 또 다시 그런 행위를 하다가 붙잡히는 경우에 죽음을 면하지 못할 것입니다."라고 말한다면, 다시 말해 그것이 여러분이 나를 풀어주는 조건이라면, 나는 이렇게 대답해야 합니다.

"아테네의 남자들이여, 나는 여러분을 존경하고 사랑합니다만, 여러분보다는 신에게 복종해야 합니다. 나에게 목숨이 붙어 있고 힘이 남아 있는 한, 나는 만나는 사람을 붙잡고 그 사람이 누구든 나의 방식에 따라 훈계하고, 다음과 같이 말하며 그를 설득시키려 노력할 것입니다.

'오, 친구여, 위대하고 막강하고 현명한 도시 아테네의 시민인 당신이 돈과 명예와 명성을 쌓는 일에만 매달리며 지혜와 진리와 영혼의 향상에 그렇게 무심한 이유가 무엇입니까? 당신은 그 같은 사실이 부끄럽지 않습니까?'

만약 나와 논쟁을 벌이던 사람이 '아니오, 그런 문제에 신경 쓰고 있습니다.'라고 대답한다면, 나는 그 자리를 떠나지 않을 것이고 또 그 사람이 가도록 내버려두지도 않을 것입니다. 나는 그 사람을 상대로 질문을 던지고 심문하고 따져 물을 것입니다. 그 결과 그가 미덕을 전혀 갖추지 않았으면서도 마치 갖춘 것처럼 말하는 것으로 드러난다면, 나는 훌륭한 것을 과소평가하고 하찮은 것을 과대평가한다는 식으로 그 사람을 나무랄 것입니다. 이것을 내가 만나는 모든 사람들을 대상으로, 젊든 늙었든, 시민이든 외국인이든 가리지 않고 해야 하지만, 나의 동료 시민들인 여러분에게 특히 더 그렇게 해야 합니다. 여러분이 나와 더 가까운 동족이기 때문이지요. 여러분도 알아주면 좋겠지만, 이것은 신이 나에게 명령한 일입니다.

나는 이날까지 도시 안에서 벌어진 일들 중에서 내가 그런 식으로 신의 뜻을 따른 것보다 여러분에게 더 이로웠던 일은 없었다고 믿고 있습니다. 왜냐하면 내가 하는 일이 바로 이곳저곳 돌아다니며 늙은이와 젊은이를 가리지 않고 여러분을 만나서 여러분 자신이나 여러분의 재산을 생각할 것이 아니라 가장 먼저 여러분의 영혼을 최대한 향상시키는 일에 관심을 쏟아야 한다는 점을 설득시키는 것이기 때문입니다.

나는 여러분에게 미덕이 돈으로 만들어지는 것이 아니라, 미덕으로부터 돈과, 사적이든 공적이든, 인간이 갖춰야 할 온갖 훌륭한 것들이 나온다고 강조하고 있습니다. 이것이 나의 가르침입니다. 만약 이것이 청년들을 타락시키는 신념이라면, 나의 영향은 정말로 파괴적입니다. 그러나 누군가가 이것이 나의 가르침이 아니라고 말한다면, 그 사람은 허튼소리를 하고 있습니다."

나는 이 말도 덧붙이고 싶습니다.

"그런 까닭에, 아테네의 남자들이여, 여러분이 아니토스가 권고한 대로 하든 안 하든, 또 나의 무죄를 선언하든 안 하든, 나는 나의 길을 절대로 바꿀 수 없다는 점을 알아주길 바랍니다. 몇 번을 죽어야 한다 하더라도, 나의 길을 바꾸는 일은 결코 없을 것입니다."

아테네의 남자들이여, 소동을 자제해 주시길 바랍니다. 우리 사이에 여러분은 나의 말을 끝까지 들어야 한다는 합의가 있었습니다. 그리고 나는 지금 내가 하려는 말이 여러분에게 유익할 것이라고 생각하고 있습니다. 할 말이 더 있습니다. 거기에 여러분이 큰 소리로 강력히 항의하려 하겠지만, 그래도 부디 그렇게 하지 않기를 바랍니다. 여러분에게 이런 뜻을 전하고 싶습니다. 만약 여러분이 나 같은 사람을 죽인다면, 여러분은 나에게 해를 입히는 그 이상으로 여러분 자신에게도 해를 입히게 된다는 것입니다.

멜레토스와 아니토스는 나에게 해를 입히지 않을 것입니다. 그들은 나에게 해를 입히지 못합니다. 불량한 사람이 자기보다 더 훌륭한 사람에게 해를 입히는 것은 세상의 이치와 맞지 않습니다. 나는 불량한 사람이 훌륭한 사람을 죽이거나, 추방하거나, 훌륭한 사람의 시민권을 박탈할 수 있다는 점을 부정하지 않습니다. 그리고 불량한 사람은 자신이 훌륭한 사람에게 큰 피해를 입히고 있다고 상상할 수 있으며, 다른 사람들도 틀림없이 그렇게 상상할 수 있습니다. 그러나 나는 그 점에서 불량한 사람의 생각에 동의하지 않습니다. 오히려, 나는 아니토스가 지금 하고 있는 짓이, 말하자면 다른 사람의 생명을 부당하게 빼앗으려고 시도하는 행위가 훨씬 더 나쁘다고 믿습니다.

그러므로 아테네 시민들이여, 나는 여러분이 생각하는 것처럼 나 자신을 위해서가 아니라 여러분을 위해서 여러분에게 신에게 죄를 짓지 말라거나, 나에게 유죄 판결을 내림으로써 신의 은혜를 쉽게 거부하지 말라고 호소하고 있습니다. 만약 여러분이 나를 죽인다면, 나 같은 사람을 쉽게 발견하지 못할 것이기 때문입니다.

우습게 들릴지 모르지만, 감히 비유적인 표현을 쓴다면, 나는 신이 국가에 보낸 일종의 등에[27] 같은 존재입니다. 국가는 매우 큰 몸집 때문에 행동이 굼뜬, 위대하고 고귀한 준마(駿馬)와 같아서, 늘 활력을 새롭게 불어넣어줄 자극을 필요로 합니다. 나는 신이 국가에 준 그런 등에이며, 하루 종일 언제 어디서나 여러분에게 귀찮게 달라붙으며 여러분을 각성시키고, 설득시키고, 질책하고 있습니다.

여러분이 나 같은 사람을 쉽게 발견하지 못할 것이기 때문에, 나는 여러분에게 나의 목숨을 살려 두라고 권하고 싶습니다. 여러분이 달콤하게 낮잠을 즐기다가 등에 때문에 갑자기 잠에서 깨어난다면, 아마 화가 날 테지요. 아니토스가 조언하는 대로, 여러분이 쉽게 나를 내리쳐서 죽여 버리면, 여러분은 여생을 영원히 편안하게 잠만 자

---

27 파리목 등에과에 속하는 곤충을 말한다. 흔히 보는 파리만큼 작은 것도 있고 호박벌만큼 큰 것도 있다.

게 될지도 모릅니다. 여러분을 돌보는 신이 여러분에게 다른 등에를 보내주지 않는다면 말입니다.

내가 신이 이 도시에 선물로 준 사람이라는 것을 여러분은 다음과 같은 사실을 바탕으로 인정할 수 있습니다. 내가 나 자신의 개인적인 문제들을 깡그리 무시하거나, 그렇게 오랫동안 가정사를 무시하면서 언제나 여러분의 일에 관심을 쏟으며 아버지나 형처럼, 여러분을 개인적으로 찾아 미덕을 소중하게 여기라고 강력히 권하는 것이 단순히 인간의 일처럼 보이지 않습니다. 그렇지 않습니까? 감히 말하건대, 이런 행위는 인간의 천성에서 나오는 것이 아닙니다.

내가 어떤 이익이든 취했거나, 나의 권고에 대가가 따랐다면, 틀림없이 그런 기미가 보였을 것입니다. 그러나 여러분도 아시다시피, 지금 뻔뻔하기 짝이 없는 나의 고발자들도 내가 누구에게 돈을 요구했다거나 누군가로부터 대가를 받았다는 말은 일절 하지 않았으며, 그들은 그런 쪽으로 어떤 목격자도 확보하지 못했습니다. 나는 나의 말의 진실성을 보증하는 목격자를 확보하고 있습니다. 나의 빈곤이 너무도 확실한 목격자이지요.

아마 내가 개인적으로 다른 사람들에게 조언하고 남의 일로 바쁘게 사느라 이리저리 돌아다니면서도 공적으로 앞에 나서서 도시에 조언하지 않는 것이 이상하게 비칠 수도 있을 것입니다. 그러나 내가 그에 대한 이유를 밝히는 것을 여러분은 많은 장소에서 여러 차례 보았습니다. 신성한 수호신 같은 것이 나를 찾아온다는 것이 그 이유입니다. 그 같은 사실을 멜레토스는 고발장에서 조롱하고 있지요.

그것은 어릴 적부터 나에게 일어나기 시작한 일입니다. 일종의 목소리 같은 것이 나에게 옵니다. 나에게 올 때마다, 그 목소리는 언제나 내가 하려던 것을 하지 않도록 저지하지만, 뭐든 하라고 촉구하는 일은 절대로 없었습니다. 내가 정치에 관여하는 것에 반대하고 있는 것도 바로 그 목소리입니다. 나의 판단에도 반대가 전적으로 옳아 보입니다. 아테네의 남자들이여, 내가 정치에 관여했더라면, 틀림없이 나는 오래 전에 죽어 사라졌을 것이며, 여러분에게나 나 자신에게나 유익한 일을 절대로 하지 못했을 것입니다.

내가 진실을 말한다고 해서 여러분이 불쾌하게 생각하는 일은 없었으면 합니다. 솔직히 말해서, 부당하고 그릇된 행위에 맞서고, 그런 행위가 도시 안에서 벌어지지 않도록 막으려고 정직하게 투쟁을 벌이며 여러분 또는 다른 다수의 집단과 싸움을 벌이는 사람은 누구든 목숨을 부지하지 못합니다. 따라서 옳은 일을 위해 진정으로 싸우고자 하는 사람은 짧은 기간이라도 목숨을 지키고 싶다면 공적인 역할을 맡을 것이 아니라 사적인 역할을 맡아야 합니다.

나는 이를 증명하는 증거를 말이 아니라, 여러분이 말보다 더 소중하게 여기는 행동으로 제시할 수 있습니다. 그러니 나에게 일어난 일에 귀를 기울여 주길 바랍니다. 나 자신이 죽음에 대한 두려움 때문에 부당한 처사에 굴복한 적이 한 번도 없었다는 사실을, 굴복하지 않을 경우에 당장 죽을 수 있는 상황에서도 그런 적이 한 번도 없었다는 사실을 여러분에게 증명할 수 있는 이야기입니다. 이제 그 이야기를 시작하려 합니다. 내가 지금 말하려는 것은 흔히 들을 수 있는 통속적인 내용이지만, 그럼에도 불구하고 엄연한 사실입니다.

오, 아테네의 남자들이여, 여러분도 아시다시피, 나는 지금까지 도시 안에서 다른 공직을 전혀 갖지 않았지만, 평의회에서는 활동했습니다. 내가 속한 안티오키스(Antiochis) 부족[28]이 아르기누사이(Arginusae) 전투[29] 뒤에 생존자들을 구출하지 않은 장군들을 심판하는 재판을 주재하게 되었습니다. 그때 여러분은 그 장군들을 모두 한꺼번에 재판에 회부하자고 제안했습니다. 여러분 모두가 훗날 인정했듯이, 그런 조치는 위법이었습니다. 그러나 당시에 평의회의 집행위원회에서 그 위법성을 지적하며 반대한 사람은 내가 유일했습니다. 나는 여러분의 의견에 반대표를 던졌습니다.

연설에 나선 정치인들이 나를 탄핵하고 체포하겠다며 법정 밖으로 끌고 나가고, 여러분이 큰 소리로 외칠 때, 나는 투옥과 죽음을 두려워해서 여러분의 불법 행위에 가담하느니 차라리 법과 정의를 나의 편으로 삼으며 위험을 감수하기로 마음을 정했습니다. 이것은 민주주의 시대에 일어난 일입니다.

그러나 30인 참주의 과두정권이 권력을 잡았을 때, 참주들은 나와 다른 4명을 원형 건물로 불러놓고는 살라미스 사람 레온(Leon)을 처형하려고 한다며 우리에게 그를 살라미스에서 데려오라고 명령했습니다. 그것은 그들이 자신들의 범죄에 최대한 많은 사람들을 끌어들일 목적으로 남발하고 있던 명령의 전형적인 예였답니다. 그때 나

---

28 여기서 말하는 부족은 우리가 흔히 알고 있는 그런 부족이 아니고, 행정상 편의를 위해 시민을 구분한 것을 말한다. 그 기원은 군사적인 것으로 전해진다. 평의회는 10개 부족에서 각각 50명씩, 총 500명으로 구성되었다.

29 펠로폰네소스 전쟁 중인 B.C. 406년에 레스보스 섬 동쪽에 위치한 아르기누사이 제도에 있는 카나이라는 도시 근처에서 벌어진 해전을 말한다. 이 전투에서 아테네 함대가 스파르타 함대를 물리쳤다.

는 말로만 아니라 행동으로, 이런 표현을 쓰는 것이 허용되는지 모르겠지만, 죽음을 털끝만큼도 두려워하지 않는다는 점을, 그리고 나의 유일한 두려움은 나 자신이 부당하거나 부정한 행위를 하지 않을까, 하는 두려움이라는 점을 보여주었습니다. 압제적인 권력의 강력한 팔도 나를 놀라게 만들어 그릇된 행위를 하도록 하지 못했지요.

우리가 원형 건물에서 나왔을 때, 다른 4명은 살라미스로 가서 레온을 데려왔으나 나는 말없이 집으로 돌아갔습니다. 만약 '30인 참주'의 권력이 직후에 종말을 맞지 않았더라면, 아마 나는 그 일로 목숨을 잃었을 겁니다. 이 일에 대해서는 많은 사람들이 증언할 것입니다.

지금도 여러분은 여전히 내가 공직 생활을 했더라도, 나 자신이 선한 사람처럼 언제나 옳은 것을 지지하고 정의를 가장 소중한 것으로 여기고 추구하며 그 세월을 무사히 살아남을 수 있었을 것이라고 진정으로 상상합니까? 절대로 그렇지 않습니다. 아테네의 남자들이여, 나도 살아남지 못했을 것이고 다른 사람들도 살아남지 못했을 것입니다.

그러나 나는 행동 면에서는 사적이거나 공적이거나 언제나 한결같았습니다. 나는 나를 비방하는 사람들이 나의 제자라고 부르는 사람들이나 그 외의 다른 누구에게도 굴종적인 태도를 보인 적이 한 번도 없습니다. 진실을 말하자면, 나에게는 정식적인 제자가 한 사람도 없습니다. 그러나 내가 임무를 수행하는 동안에 나의 말을 들으러 오기를 원한다면, 젊은 사람이든 늙은 사람이든 누구나 자유롭게 올 수 있습니다.

나는 돈을 내는 사람들하고만 대화를 하지도 않고 돈을 내지 않는 사람들하고만 대화를 하지도 않습니다. 부유하든 가난하든 누구나 나에게 질문을 던지고 물음에 답하며 나의 말에 귀를 기울일 것입니다. 그 일로 그 사람이 나쁜 사람이 되든 선한 사람이 되든, 그것은 당연히 나의 책임이 될 수 없습니다. 내가 그 사람에게 아무것도 가르치지 않았으니까요. 만약 누구든 나로부터 개인적으로 무엇인가를, 세상 사람들 모두가 들은 적이 없는 것을 배우거나 들었다고 말한다면, 여러분은 그 사람의 말을 거짓말로 받아들여야 합니다.

그러면 여러분이 이런 질문을 할 수 있을 것입니다.

"그렇다면 일부 사람들이 당신과 지속적으로 대화하는 것을 즐기는 이유가 무엇입니까?"

아테네의 남자들이여, 여러분은 이 질문에 대한 대답을 이미 들었습니다. 나는 여러분에게 진실에 관한 모든 것을 밝혔습니다. 그것은 그들이 현명하다고 주장하면서도 현명하지 않은 사람들이 검증받는 것을 듣기를 즐기기 때문입니다. 그것이 절대로 재미없는 일이 아니니까요. 그리고 나에 대해 말하자면, 그것은 나 자신이 신탁과 꿈을 통해서, 또 신의 섭리가 인간에게 모습을 드러내는 온갖 다양한 방법을 통해서 신으로부터 명령 받은 일입니다.

오, 아테네의 남자들이여, 이 모든 것은 진실이고 쉽게 검증될 수 있습니다. 이 말의 뜻은 이렇습니다. 만약 내가 정말로 젊은이들을 타락시키고 있고 이미 젊은이들 일부를 타락시켰다면, 또 만약에 그 젊은이들이 충분히 성숙한 뒤에 내가 그들의 젊은 시절에 나쁜 조언을 했다고 판단했다면, 틀림없이 그들이 고발자로서 전면에 나서며 그 문제를 바로잡으려 했을 것입니다. 혹시 그들이 직접 나서는 것을 좋아하지 않는다면, 그들의 친척이나 아버지나 형제들이 나서서 자기 가족이 나의 손에 피해를 입었다고 비난했을 것입니다.

지금은 그들의 시간입니다. 그들 중 많은 이들이 법정에 나와 있습니다. 나와 동년배이자 같은 시구(市區: deme)[30]의 주민인 크리톤(Criton)[31]이 있군요. 그의 아들 크리토불로스(Critobulus)도 보입니다. 아이스키네스(Aeschines)의 아버지인 스페토스의 리사니아스(Lysanias)도 있습니다[32]. 아이스키네스도 당연히 여기 있지요. 또 에피게네스(Epigenes)의 아버지인 케피소스의 안티폰(Antiphon)도 있습니다. 나와 교류한 몇 사람의 형제들도 있습니다. 테오스도티데스(Theosdotides)의 아들이자 테오도토스(Theodotus)의 형제인 니코스트라토스(Nicostratus)가 있습니다. 그런데 지금 테오도토스는 죽은 몸이고, 따라서 그는 어쨌든 니코스트라토스를 방해하지 않고 있습니다.

데모도코스(Demodocus)의 아들 파랄리오스(Paralius)도 있습니다. 그의 형제가 테아게스(Theages)이지요. 그리고 아리스톤(Ariston)의 아들 아데이만토스(Adeimantus)와 그의 형제 플라톤

---

30 고대 그리스 시대에 아테네를 비롯한 도시 국가들의 행정 단위를 말한다.

31 부유한 농장주였던 크리톤은 친구들을 경제적으로 많이 도운 것으로 알려져 있다. 소크라테스에게 크리톤은 친한 친구이자 후원자였다. 크리톤의 아들 크리토불로스도 소크라테스의 추종자였으며, 소크라테스의 마지막 순간을 함께했다.

32 아이스키네스는 소크라테스의 열렬한 추종자였으며, 소크라테스가 죽음을 맞는 현장을 지켰다. 그의 아버지 리사니아스에 대한 정보는 별로 전해오지 않는다.

(Platon)도 여기 있습니다[33]. 아이안토도로스(Aeantodorus)도 보이고 그의 형제 아폴로도로스(Apollodorus)[34]도 여기 있습니다.

그 외에도 많은 사람들을 언급할 수 있으며, 멜레토스는 연설을 하는 중에 그들 중 누구든 증인으로 내세웠어야 했습니다. 혹시라도 멜레토스가 깜빡 잊고 그렇게 하지 않았다면, 지금이라도 증인을 제시할 수 있습니다. 나는 그를 위해 기꺼이 자리를 내주겠습니다. 그가 어떤 증인이든 확보하고 있다면, 그에게 증인을 내세울 기회를 줄 생각입니다.

신사들이여, 절대로 그럴 리가 없습니다. 정반대가 진실입니다. 여러분은 이 사람들이 모두 자신을 타락시키고 있다는 비난을 듣는 나를, 멜레토스와 아니토스의 표현을 빌리면, 자신의 가족들에게 해를 입히고 있다는 비난을 듣는 나를 위해 증인으로 나설 준비가 되어 있다는 사실을 확인할 것입니다. 내가 타락시켰다는 젊은이들뿐만 아니라, 타락하지 않은, 그들의 나이 많은 친척들까지 나서고 있습니다. 타락했다는 소리를 듣는 젊은이들이야 그래도 나를 도울 동기가 있을 수 있다고 치지만, 그 젊은이들의 나이 많은 친척들까지 증언으로 나를 지지하고 나서는 이유가 무엇이겠습니까? 정말이지, 진리와 정의를 위해서가 아니라면 무엇을 위해서겠습니까? 그들이 나는 진실을 말하고 있고 멜레토스는 거짓말을 하고 있다는 것을 알

---

33 아데이만토스와 플라톤의 또 다른 형제인 글라우콘은 플라톤의 『공화국』에서 중요한 역할을 맡는다.

34 소크라테스의 추종자이며, 플라톤의 글에 따르면 나이가 플라톤의 형인 글라우콘과 비슷한 것으로 전해진다. 그렇다면 출생 연도는 B.C. 445년경이다.

고 있기 때문이지요.

좋습니다, 아테네 시민들이여, 이 정도면 나 자신을 변호하기 위해 할 말은 거의 다 한 것 같습니다. 한마디만 더 하겠습니다. 이와 비슷하거나 이보다 덜 심각한 상황에서 눈물을 쏟으며 간청하고 친척과 친구들까지 법정에 동원하고 비탄에 빠진 자식들의 모습을 보여 준 경험이 있는 사람이라면, 아마 그때 일을 떠올리며 나 때문에 기분이 상할 수도 있을 것 같습니다. 그런 현장은 틀림없이 감동적인 장면이지요. 그럼에도 생명까지 잃을 위험에 처했을지 모르는 나는 그런 짓을 절대로 하지 않습니다. 아마 이 같은 사실이 그 사람에게 깊이 영향을 미치고, 그 결과 그 사람이 불쾌하게 여기며 나에게 불리한 표결을 할 수도 있을 것입니다. 여러분 중에 그런 사람이 있을 것이라고 생각하지 않지만, 혹시라도 있다면, 그 사람에게 나는 당당하게 이렇게 대답할 것입니다.

"친구야, 나도 한 사람의 인간이고 다른 사람들과 다르지 않답니다. 호메로스(Homeros)가 말하는 바와 같이, 나도 나무나 돌에서 태어난 것이 아니라 인간 부모로부터 태어났다는 뜻입니다. 아테네 시민들이여, 나에게도 가족이 있습니다. 그렇습니다. 아들도 있습니다. 셋이지요. 하나는 청년이고, 다른 두 아들은 아직 어립니다. 그래도 내가 여러분에게 방면을 간청하기 위해 아이들을 여기 데려오는 일은 절대로 없을 것입니다."

여러분은 물을 수 있습니다. "왜 그런 행동을 하지 않지요?"라고 말입니다. 아테네의 남자들이여, 고집이 세서 그러거나 여러분을 무시해서 그러는 것이 절대로 아닙니다. 내가 죽음을 두려워하는지 여부는 다른 문제이며, 그 문제에 대해서는 지금 말하지 않을 것입니다. 그러나 나의 이유는 단순히 그런 식으로 처신하는 것이 나 자신은 물론이고 여러분과 국가 전체에도 명예롭지 않은 일로 느껴지기 때문입니다. 내 나이에 이른 사람은, 그리고 실제로 그럴 자격을 갖추었는지 여부를 떠나서 지혜롭다는 평판을 듣는 사람은 품위를 떨어뜨리는 행위를 해서는 안 됩니다.

여하튼, 세상은 소크라테스가 어떤 면에서 대다수의 인간들보다 탁월하다고 결론을 내렸습니다. 만약 여러분 중에서 지혜나 용기나 다른 어떤 미덕에서 탁월하다는 평가를 듣는 사람이 그런 행동을 통해 스스로를 깎아내린다면, 그런 처신이야말로 수치스럽기 짝이 없는 일이지요. 나는 평판이 높은 사람들이 유죄 판결을 받고 너무도 이상하게 처신하는 모습을 보았습니다. 그 사람들은 죽으면 끔찍한 고통을 겪게 된다고 상상하는 것처럼 보였습니다. 그들은 마치 여러분이 삶을 허용하기만 하면 영생을 누릴 것처럼 생각하는 것 같았습니다.

나는 그런 사람들이 국가에 불명예스런 존재라고 생각합니다. 어쩌다 그 현장을 지켜보게 된 외국인이라면 그들을 두고, 아테네 주민들이 명예와 통솔력을 인정하는 가장 탁월한 아테네 남자들이 여자보다 결코 더 나을 것이 없는 존재라고 비웃을 것 같습니다. 이런 것은 평판이 높은 사람들이 해서는 안 되는 행위들입니다. 만약 그런 행위가 행해진다면, 여러분은 그 행위를 용납해서는 안 됩니다. 여러분은 차분하게 처신하지 않고 슬픈 장면을 격하게 연출하며 도시를 우스꽝스럽게 만드는 사람을 비난하는 태도를 보여야 합니다.

그러나 불명예 문제는 논외로 하더라도, 신사 여러분, 나의 판단에는 배심원단에게 눈물로 호소하고, 그렇게 함으로써 배심원단에게 사실을 제대로 전하며 설득시키려 하지 않고 무조건 무죄 방면을 끌어내려 드는 태도에는 그릇된 점이 있는 것 같습니다. 어쨌든, 배심원이 정의를 호의로 베풀기 위해 그 자리에 앉는 것이 아니라 정의가 자리 잡고 있는 곳을 결정하기 위해 그 자리에 앉기 때문입니다. 배심원은 사적 감정에 따라 판단하지 않고 법에 따라 판단하겠다고 선서했습니다. 우리도 여러분이 선서를 깨뜨리도록 강요해서도 안 되고, 여러분도 그렇게 하는 데 익숙해져서도 안 됩니다. 만약 우리가 그렇게 한다면, 우리 중 어느 누구도 신성한 일을 하고 있지 않을 것입니다.

그러니, 특히 내가 멜레토스의 고발을 근거로 신앙심이 없다는 이유로 재판을 받고 있는 때에, 나 자신이 여러분에게 고상하지 않고 정의롭지 않고 경건하지 않게 행동할 것이라고 기대하지 말아 주시길 바랍니다. 아테네의 남자들이여, 혹시라도 내가 설득과 간청을 통해 여러분의 선서를 압도한다면, 그것은 내가 여러분에게 신은 존재하지 않는다고 가르치는 꼴이 되고, 나 자신을 위한 변론에서 스스로 신을 믿지 않는다고 유죄를 선고하는 꼴이 되고 말 것입니다.

그러나 그렇지 않습니다. 나는 신이 존재한다고 믿습니다. 믿음의 차원도 나의 고발자들이 신을 믿는 차원보다 월등히 더 높습니다. 그리고 나는 여러분과 나에게 가장 이로운 방향으로 평결을 내리는 일을 여러분과 신에게 넘기려 합니다.[35]

35　배심원단은 유죄 평결을 내렸다. 멜레토스는 사형을 제안했다. 법에 따라 소크라테스는 다음 변론에서 대안적인 처벌을 제안할 수 있다. 그러면 배심원들은 두 가지를 놓고 적절하다고 판단되는 쪽을 선택하게 된다.

아테네의 남자들이여, 내가 유죄 평결에 비통해하지 않는 이유는
여러 가지입니다. 나는 그 같은 결과를 예상했으며, 단지 찬성과 반
대가 동수에 아주 가깝다는 사실에 놀라고 있을 뿐입니다. 나에게 불
리하게 투표할 사람이 훨씬 더 많을 것으로 여겨졌는데, 30표만 반
대편으로 넘어갔어도 내가 무죄로 석방되었을 것이기 때문입니다.[36]

멜레토스에 관한 한, 내가 무죄 방면되었다고 봐도 무방할 것 같
습니다. 아니, 그 이상의 말을 해도 괜찮을 듯합니다. 아니토스가 리
콘과 함께 나를 고발하고 나서지 않았더라면, 멜레토스가 전체 투표
중에서 5분의 1을 얻지 못했을 것이고, 따라서 법에 따라 틀림없이
그는 1,000드라크마의 벌금에 처해졌을 것입니다[37].

그것은 그렇다 치고, 멜레토스는 처벌로 나를 사형에 처할 것을
제안하고 있습니다. 그렇다면, 아테네의 남자들이여, 나의 입장에서
는 대안적인 처벌로 여러분에게 무엇을 제안해야 할까요? 당연히,
나에게 합당한 벌이어야겠지요. 그렇다면 그 처벌은 무엇이어야 합
니까? 단지 내가 평생 동안 나의 일을 돌보지 않았다는 이유로 마땅
히 당해야 하거나 지급해야 하는 것은 무엇입니까? 대부분의 사람들
이 신경 쓰는 것들, 이를테면 부(富)나 가족의 이익, 군대 직책, 의회

---

36   신을 믿지 않는 죄를 다루는 재판의 경우에 배심원단은 500명으로 구성되었
다. 표결 결과는 280대 220이었으며, 찬반 동수인 경우에 무죄로 받아들여진다.

37   유죄 쪽에 표를 던진 배심원이 280명인데, 소크라테스는 이것을 고발자 3명으
로 나눈 것 같다. 당시 아테네는 소송 남발을 막기 위해 배심원 투표에서 받아야 하
는 최소의 유죄 투표자 수를 정해 두고 있었다.

연설, 관직, 음모, 당파 등에는 조금도 관심을 두지 않은 채 살았다는 이유로 말입니다. 내가 나설 경우에 여러분이나 나 자신에게 이로울 것이 하나도 없는 일에 관여하지 않고, 대신에 여러분 각자를 개인적으로 찾아서 나 스스로 최고의 선행이라고 주장하는 바로 그것을 실천하려고 노력했다는 이유로 말입니다.

내가 한 일은 그런 것이었습니다. 나는 여러분 각자가 무엇보다 먼저 자신의 소유물에 관심을 가질 것이 아니라 자기 자신을 놓고, 그리고 가장 선하고 현명한 존재가 될 수 있는 길을 놓고 고민하도록 설득시키려고 노력했습니다. 그리고 도시의 소유물이 아니라 도시 자체를 위하도록, 다른 모든 것들에 대해서도 그와 똑같은 방식으로 관심을 기울이도록 설득시키려고 노력했습니다.

그렇다면 내가 그런 사람이라는 사실 때문에 어떤 벌을 받아야 합니까? 아테네의 남자들이여, 만약 내가 마땅히 받아야 할 처벌을 정말로 제시해야 한다면, 틀림없이 훌륭한 것이 되어야 할 것입니다. 그것도 나에게 어울리는 그런 종류여야 할 것입니다. 공공을 이롭게 하면서 여러분에게 권고할 시간적 여유가 필요한 가난한 남자에게 어울리는 것은 무엇입니까?

아테네의 남자들이여, 나 같은 남자에게 어울리는 훌륭한 것으로는 프리타네이온(Prytaneion)[38]에서 무료로 식사 대접을 받는 것보다 더 적절한 것이 없습니다. 그것이야말로, 올림피아[39]에서 두 마리 또

---

38 고대 그리스 도시 국가의 시청을 뜻한다. 두드러진 공을 세운 시민이나 대사, 특출한 외국인을 영접하는 공간이기도 했다.

39 고대 그리스에서 경기가 이뤄졌던 곳을 말한다.

는 그 이상의 말이 끄는 전차 경주나 경마에서 우승한 시민보다 그런 남자에게 훨씬 더 잘 어울리는 상입니다. 나는 궁핍하지만, 올림피아에서 우승한 시민은 충분히 소유하고 있기 때문이지요. 그 시민은 단지 여러분에게 행복의 껍데기만을 안겨주지만, 나는 여러분에게 행복의 실체를 안겨줍니다. 법이 요구하는 바에 따라 내가 마땅히 받아야 할 벌을 제안해야 한다면, 그것은 프리타네이온에서 무료로 식사 대접을 받는 것입니다.

앞에서 눈물과 기도로 배심원들에게 간청하는 행위에 대해 말할 때와 마찬가지로, 여러분은 아마 내가 이런 식으로 말하며 여러분에게 도전한다고 생각할지도 모르겠습니다. 그렇지 않습니다. 내가 이렇게 말하는 이유는 나 자신이 누군가를 의도적으로 해친 적이 한 번도 없었다고 확신하기 때문입니다.

그럼에도 나에게 주어진 시간이 너무나 짧은 탓에, 나는 여러분에게 그 점을 설득시키지 못합니다. 그러나 만약 다른 도시들처럼 아테네에도 사람의 목숨이 걸린 소송의 경우에 하루 만에 결론을 내려서는 안 된다고 정한 법이 있다면[40], 나는 여러분을 확신시킬 수 있다고 믿지만, 지금 시간이 너무 촉박합니다. 나는 심각한 중상(中傷)을 짧은 시간 안에 반박하지 못합니다.

그러나 나는 타인들에게 해를 끼친 적이 결코 없었다고 확신하기 때문에, 나 자신에게도 절대로 해를 끼치지 않을 것이며, 따라서 나는 나 자신이 나쁜 어떤 처벌을 받을 만하다고 말하거나, 나 자신을

---

40 스파르타에는 그런 법이 있었다.

위해서 그런 종류의 벌을 제안하지 않을 것입니다. 왜 내가 그래야 합니까? 멜레토스가 나에 대한 벌로 제안한 것을 겪지 않기 위해서? 죽음이 좋은 것인지 나쁜 것인지도 모르는데, 틀림없는 악인 형벌을 왜 내가 제안해야 합니까? 징역형을 제안해야 할까요? 왜 내가 감옥 살이를 해야 하며, 매년 정해지는 11인 위원회의 노예로 살아야 합니까? 아니면 벌은 벌금이고, 그 벌금을 납부할 때까지 감옥에 갇히는 조건이어야 합니까? 여기에도 똑같이 반대합니다. 벌금을 낼 돈이 없는 탓에, 내가 감옥에 갇혀 지내야 하기 때문입니다.

그렇다면, 내가 망명을 제안해야 합니까? 여러분이 나를 위해 제안하는 것은 아마 이것일 겁니다. 그러나 아테네의 남자들이여, 그런 것까지 고려하는 나라는 존재는 정말로 목숨에 대한 애착 때문에 눈이 멀어버린 사람임에 틀림없습니다. 나는 나와 똑같은 시민인 여러분이 나의 대화와 토론을 참아주지 못하고 그것을 너무나 통탄스럽고 증오스러운 것으로 여겨 아예 세상에서 제거해 버리려 한다는 사실을 눈으로 확인하고 있습니다. 그런 마당에, 다른 나라의 시민들이 나의 대화와 토론을 인내할 것이라고 생각하는 것이 도대체 가능이나 한 일입니까? 아테네의 남자들이여, 절대로 그런 일은 가능하지 않습니다.

그리고 이 나이에 이 도시에서 저 도시로 떠돌며 늘 불안한 망명 상태에 살며 도대체 어떤 삶을 영위할 수 있단 말입니까! 언제나 쫓기면서 말입니다. 틀림없이, 가는 곳마다, 여기서 그랬듯이, 청년들이 나를 찾아 올 것이기 때문입니다. 만약 내가 청년들을 내쫓으면, 그들의 선배들이 그들의 부탁을 받고 나를 내쫓을 것이고, 청년들이 내게 오도록 내버려 두면, 그들의 아버지와 친구들이 그들을 위해서 나를 내쫓을 것입니다. 누군가는 이렇게 말하겠지요.

"맞아요, 소크라테스, 당신은 침묵을 지키지 못합니다. 그렇다면 당신은 외국의 도시로 갈 수 있습니다. 거기서는 당신을 간섭하고 나서는 사람이 아무도 없지 않겠습니까?"

지금 이 질문에 대한 나의 대답을 여러분에게 이해시키기가 대단히 어렵습니다. 만약 내가 침묵을 지키는 것이 신의 명령에 불복하는 것이라서 그렇게 할 수 없다는 식으로 말한다면, 여러분이 내가 이 문제에 진지하게 임하고 있다고 믿지 않을 것이기 때문입니다. 그리고 만약 내가 인간의 최고의 선(善)은 매일 미덕을 주제로 대화하는 것이라고 다시 말한다면, 또 만약에 내가 예전에 여러분이 듣는 가운데 미덕을 놓고 나 자신과 다른 사람들을 검증할 때 했던 말을 다시 반복한다면, 또 만약에 검토되지 않은 삶은 살 가치가 전혀 없는 삶이라는 말을 다시 반복한다면, 여러분은 그러는 나를 더더욱 믿지 않을 것이기 때문입니다.

여러분을 설득시키는 것이 지극히 어려운 일임에도 불구하고, 내가 하는 말은 진실입니다. 더욱이, 나는 나 자신이 어떤 처벌이든 받아 마땅하다고 생각하는 데 익숙하지 않습니다. 돈이라도 있으면, 내가 가진 모든 돈을 벌금으로 제안할 수도 있을 것이고, 그렇게 해도 나에게는 달라질 것이 없을 것입니다. 그러나 여러분도 아시다시피 나에게는 돈이 없으며, 그래서 나는 나 자신이 감당할 수 있는 만큼의 벌금을 책정해주길 여러분에게 요구할 수 있을 뿐입니다. 그래도 나는 1미나 정도는 지불할 수 있다고 생각하며, 따라서 1미나의 벌금을 제안합니다. 그런데 여기 있는 나의 친구들, 그러니까 플라톤과 크리톤, 크리토불로스, 아폴로도로스가 30미나[41]를 제시하라고 권하고 있습니다. 그리고 그들이 보증인이 될 것입니다. 그래서 벌금으로 30미나를 제시합니다. 그 금액에 대해선 나의 친구들이 여러분에게 확실한 보증인이 될 것입니다.[42]

*　　　*　　　*

오, 아테네의 남자들이여, 여러분이 우리의 도시를 험담하는 사람들로부터 들을 악명에 대한 대가로 얻을 시간은 그리 길지 않습니다. 그 험담꾼들은 여러분이 현명한 소크라테스를 죽였다고 말할 것입니다. 내가 현명한 존재가 아님에도, 그들은 여러분을 비난하길 원할 때 틀림없이 나를 현자라는 이름으로 부를 것입니다.

여러분이 조금만 기다렸더라면, 여러분의 욕망은 자연의 순리 속에서 저절로 해결되었을 것입니다. 여러분이 아시다시피, 내 나이가 아주 많고, 죽을 날이 그리 멀지 않았기 때문이지요. 지금 나는 여러분 중에서 나에게 사형 선고를 내린 사람들만을 상대로 말하고 있습

---

41 30미나는 3,000드라크마이며, 공직에 종사하는 사람의 10년치 임금에 해당하는 금액이다.

42 배심원단은 소크라테스에 대해 사형을 내리는 쪽을 택했다. 이어서 소크라테스는 자신의 연설 중 마지막 부분을 시작한다. 그 내용 중 일부는 그의 유죄를 인정한 사람들을 대상으로 한 것이고, 또 다른 일부는 그를 사형에 처하는 데 찬성한 사람들을 대상으로 한 것이다. 소크라테스는 그의 무죄를 지지한 배심원들에 대해서만 배심원의 자격이 있다는 식으로 말했다.

니다. 그들에게 말할 것이 한 가지 더 있습니다. 당신들이 내가 논거가 부족해서 유죄 선고를 받았다고 생각하고 있다는 사실입니다. 말하자면, 내가 해야 할 행동을 제대로 다하고 해야 할 말을 제대로 다 했더라면, 무죄 방면을 받을 수 있었다고 생각하고 있다는 뜻이지요.

그렇지 않습니다. 내가 유죄 선고를 받은 것은 논거의 부족 때문이 아닙니다. 확실히 그건 아닙니다. 그러나 나는 당신들이 기대한 바와 같이 울고불고하며 비탄에 빠져서, 당신들이 다른 사람들을 통해서 자주 보고 들은 말이나 행동을 하며 당신들에게 간곡히 호소하는 그런 뻔뻔하고 무례한 성향을 갖고 있지 않습니다.

이미 말한 바와 같이, 그런 말이나 행동은 나에게 아무런 가치를 지니지 않습니다. 나는 나 자신이 직면한 위험 앞에서 야비한 짓이라도 해야 한다고는 절대로 생각하지 않았습니다. 나는 나 자신의 변호 방식에 대해 후회하지 않습니다. 나는 당신들의 방식대로 말하며 살기보다 나의 방식대로 말하다 죽는 쪽을 택할 것입니다. 전쟁터나 법정이라고 해서 모두가 죽음을 피할 온갖 방법을 다 동원해야 하는 것은 아니니까요. 전투 중에도 군인이 무기를 버리고 자신을 쫓던 사람 앞에 무릎을 꿇으면, 그 군인은 틀림없이 죽음을 면할 수 있습니다. 만약 사람이 무엇이든 말하고 행동하려 든다면, 다른 위험한 상황에서도 죽음을 피할 수 있는 길은 있습니다.

신사 여러분, 어려운 일은 죽음을 피하는 것이 아니라, 옳지 않은 것을 피하는 것입니다. 옳지 않은 것이 죽음보다 더 빨리 달리기 때문이지요. 나는 늙었고 동작도 느립니다. 그래서 나는 그만 느린 주자(走者)인 죽음에게 따라잡히고 말았습니다. 나의 고발자들은 명민하고 빠릅니다. 그들은 더 빠른 주자(走者)인 옳지 않은 것에 따라잡히고 말았습니다. 그래서 지금 나는 당신들에 의해 죽음의 형벌을 받고 작별의 인사를 하고, 나의 고발자들은 진실에 의해 비열함과 그릇됨이라는 형벌을 영원히 받으며 살아갈 것입니다. 나는 나에 대한 판결을 준수해야 합니다. 그들도 그들에 대한 판결을 준수해야겠지요. 나는 이 결과들이 운명으로 여겨질 수 있다고 짐작합니다. 그리고 나는 그 결과들이 괜찮다고 생각합니다.

오, 나에게 사형 선고를 내린 남자들이여, 이제 당신들의 운명에 대해 예언할 생각입니다. 나는 곧 죽을 텐데, 그런 때가 바로 인간에게 예언 능력이 주어지는 때이지요. 나는 나를 살해한 당신들에게 예언합니다. 내가 죽은 직후에, 당신들이 나에게 가한 것보다 훨씬 더 가혹한 처벌이 틀림없이 당신들을 기다리고 있을 것입니다. 당신들이 나를 죽인 것은 당신들의 삶에 대해 설명하지 않고 그 삶을 비난하는 사람을 피하길 원했기 때문입니다.

그러나 그 일은 당신들이 짐작하는 대로 전개되지 않고 아주 판이하게 전개될 것입니다. 당신들을 비난하는 사람들이 지금보다 훨씬 더 많아질 것이라고 나는 자신 있게 말할 수 있습니다. 지금까지 내가 자제시켰던 비난자들까지 공개적으로 목소리를 높이게 될 테니까요. 그들은 더 젊기 때문에 당신들에게 더욱 엄격할 것이고, 당신들은 그들에게 마음을 더 크게 다칠 것입니다.

만약 당신들이 사람들을 죽임으로써 당신들의 삶을 비판하는 비난자를 피할 수 있다고 생각한다면, 그건 심각한 오해입니다. 그 길은 가능하거나 명예로운 도피의 방법이 아닙니다. 가장 쉽고 고귀한 방법은 타인들을 짓밟는 것이 아니라 당신 자신을 향상시키는 것입니다. 이것이 내가 떠나기 전에 나에게 사형 판결을 내린 심판관들에게 하는 예언입니다.

나를 무죄로 석방시켰을 친구들이여, 나는 죽음을 맞을 곳으로 가기 전까지 교도관들이 바쁘게 움직이는 사이에 나에게 일어난 이 일에 대해 여러분과 이야기를 나누고 싶습니다. 잠시 자리에 머물러 주시길 바랍니다. 시간이 허락하는 한, 서로 이야기를 나눌 수 있으니까요.

여러분은 나의 친구이고, 나는 나에게 일어난 이 사건의 의미를 여러분에게 알려주고 싶습니다. 오, 나의 배심원들이여, 여러분을 나는 진정으로 "배심원"이라고 부르고 싶습니다. 여러분에게 나에게 일어난 놀라운 상황에 대해 이야기하고 싶습니다.

지금까지 내가 어떤 일에서든 실수를 저지르거나 오류를 범하려는 경우에, 내 안의 익숙한 신의 목소리가 사소한 일에서까지 반대하고 나섰습니다. 그런데 지금은 여러분도 아시다시피 일반적으로 마지막이자 최악의 악으로 통하는 죽음이 나를 덮쳤는데도, 그 목소리가 반대의 신호를 전혀 보내지 않았습니다. 내가 아침에 집을 나설 때에도 없었고, 법정으로 들어설 때에도 없었습니다. 내가 법정에서 변론의 말을 할 때에도 어느 대목에서도 그 목소리가 들리지 않았습니다. 다른 것을 논의하는 동안에는 그 목소리가 종종 나의 말을 중단시켰는데 말입니다. 그러나 내가 이 문제와 관련해서 한 말이나 행동에서는 그 목소리가 아무런 반대를 하지 않았습니다.

그렇다면, 이 같은 사실을 어떻게 설명할 수 있겠습니까? 여러분에게 설명하도록 하겠습니다. 그것을 나는 나에게 일어난 일이 좋은 일이라는 것을, 그리고 우리 중에서 죽음을 악으로 여기는 사람들이 잘못되었다는 것을 뒷받침하는 증거로 여깁니다. 나에게 그것은 내가 말하는 내용에 대한 위대한 증거입니다. 내가 선한 무엇인가를 성취하게 되어 있지 않다면, 그 목소리가 틀림없이 나에게 반대했을 것이기 때문입니다.

다른 방향으로도 생각해 보겠습니다. 다음 내용은 우리가 죽음이 선한 것이라고 기대할 충분한 이유가 될 것입니다. 죽음의 상태는 두 가지 중 하나일 것입니다. 죽은 자들은 말하자면 무(無)로서 그 어떤 것도 자각하지 않거나, 우리가 자주 듣는 것처럼, 죽음은 어떤 종류의 변화, 즉 영혼이 여기서 다른 곳으로 옮겨가는 변화일 것입니다.

만약 죽은 상태가 실제로 자각이 전혀 없고 꿈조차 없는 수면과 비슷하다면, 죽음이야말로 말로 표현할 수 없는 이득일 것입니다. 누군가가 꿈의 방해조차 받지 않을 정도로 깊고 편안한 잠을 잤던 밤을 골라서 그의 삶의 다른 모든 낮이나 밤과 비교한다고 상상해 보십시오. 그러면 그 사람은 자신의 인생에서 그런 밤보다 더 멋지고 더 유쾌한 날이 별로 많지 않았다는 사실을 깨달을 것입니다. 평민은 물론이고 아마 위대한 왕도, 아니 그 어떤 인간도 예외일 수 없습니다. 죽음이 이와 비슷하다면, 나는 죽는 것이 이익이라고 말합니다. 그런 경우에, 영원이 단지 한 번의 밤에 지나지 않기 때문입니다.

한편, 죽음이 이곳에서 다른 곳으로 이동하는 일종의 여행이고 사람들이 말하는 바와 같이 거기에 모든 죽은 자들이 있다면, 오, 배심원단의 신사들이여, 어떤 것이 그것보다 더 훌륭한 선(善)일 수 있겠습니까? 만약 어떤 사람이 이승에서 배심원이라고 주장하는 사람들을 뒤로 하고 저승에 도착하자마자 진정한 배심원 또는 심판관들을, 그러니까 미노스(Minos)[43]와 라다만토스(Rhadamanthus)[44], 아이아코스(Aeacus)[45], 트립톨레모스(Triptolemus)[46], 그리고 생전에 정의로웠던 다른 모든 반신(半神)들을 발견한다면, 그 여행이 어찌 비참한 여행이 될 수 있겠습니까?

혹은 오르페우스(Orpheus)[47]와 무사이오스(Musaeus)[48], 헤시오도스(Hesiodos)[49], 호메로스와 대화할 수 있다면, 인간이 뭘 내놓지 못하겠습니까? 이것이 진실이라면, 나는 몇 번이라도 기꺼이 죽겠습니다. 어쨌든 나 역시도 거기서 시간을 보내는 것이 즐거울 것 같습니다. 팔라메데스(Palamedes)[50]나 텔라몬(Telamon)의 아들 아이아스

43 그리스 신화에서 크레타의 전설적 왕이었으며, 하데스에서 사자(死者)들 사이에서 심판을 맡는 것으로 알려져 있다.

44 그리스 신화에서 크레타의 현왕으로 나온다. 제우스와 에우로파의 아들인 그는 반신(半神)으로 여겨진다.

45 그리스 신화에서 아이기나 섬의 왕으로 나온다. 그는 제우스와 님프 아이기나의 아들이며, 정의로운 인물로 유명했고 죽어서 하데스의 심판관이 되었다.

46 그리스 신화에 엘레우시스의 영웅으로 나온다. 엘레우시스 신비 의식에서 핵심적인 존재이며, 농업의 후원자로서 숭배를 받았다.

47 그리스 신화에 나오는 트라키아의 시인이자 음악가이며, 오르페우스교의 창시자였다.

48 아테네의 전설적인 철학자이자 역사가, 예언자, 선지자, 시인, 음악가였다. 일반적으로 오르페우스와 연결된다.

49 B.C. 7세기경에 활동한 그리스의 시인. '신통기'(Theogony)의 저자이다.

50 그리스 신화에 나오는 트로이 전쟁의 영웅.

(Ajax)[51], 또는 부당한 심판 때문에 죽임을 당한 옛날의 다른 영웅들을 만날 때, 나는 나 자신의 경험과 그들의 경험을 비교할 수 있을 것입니다. 그것도 절대로 작은 즐거움이 아닐 것 같습니다. 무엇보다도, 가장 중요한 것은 내가 그들 중에서 누가 현명하고 누가 현명하지 않으면서도 현명하다고 생각하고 있는지를 확인하기 위해 그곳에서도 여기서 한 것처럼 사람들을 찾아 조사할 수 있다는 점입니다.

배심원단의 신사들이여, 어떤 인간이 그 위대한 트로이 원정의 지도자[52]를 조사할 수 있다면, 혹은 오디세우스(Odysseus)[53]나 시지포스(Sisyphus)[54]나, 그 외의 수많은 남녀들을 조사할 수 있다면, 그 인간은 무엇인들 내놓으려 하지 않겠습니까! 그들과 대화하고 그들에게 질문을 던지는 것이야말로 얼마나 멋진 일입니까! 그 세상에서는 그들이 이런 일로 인간을 사형에 처하지는 않을 것입니다. 만약 세상의 말이 진실이라면, 그곳의 사람들은 이 세상의 사람들보다 모든 점에서 훨씬 더 행복하고, 나머지 시간 동안에 죽음을 모르고 지낼 것입니다.

배심원단의 신사들이여, 그러니 여러분도 죽음에 대해 좋게 생각하고, 선한 사람에게는 살아서나 죽어서나 똑같이 사악한 일은 절대로 일어날 수 없다는 진리를 알도록 하십시오. 선한 사람과 선한 사

51　그리스 신화에 나오는 영웅. 트로이 전쟁에서 중요한 역할을 한다.

52　미케네의 왕 아가멤논(Agamemnon)을 말한다.

53　트로이 전쟁의 전설적인 영웅이다. 그는 전투 기술뿐만 아니라 교활함으로도 유명하다.

54　코린트의 창설자이며 전설적인 왕이다.

람의 곤경 앞에서 신들은 절대로 무심하지 않습니다.

지금 나에게 다가오고 있는 종말도 절대로 우연이 아닙니다. 지금 죽어서 곤경에서 놓여나는 것이 나에게는 훨씬 더 유익한 것이 분명합니다. 내 안의 신의 목소리가 나에게 아무런 신호를 보내지 않은 이유도 거기에 있습니다. 바로 그런 이유로, 나는 나의 고발자들이나 나에게 유죄를 선고한 자들에게 화를 내지 않습니다. 그들 중 어느 누구도, 나를 이롭게 할 뜻을 품지 않았을지라도, 나에게 해를 입히지 않았기 때문입니다. 그래서 나는 그들을 점잖게 나무랄 수 있습니다.

여러분에게 부탁할 일이 한 가지 있습니다. 나의 아들들이 다 자랄 때, 신사 여러분, 만약 나의 아들들이 미덕에 쏟는 그 이상으로 많은 관심을 부(富)나 다른 것에 쏟는 것처럼 보인다면, 혹은 그들이 실제로는 아무것도 아니면서 무슨 대단한 인물이라도 되는 것처럼 군다면, 그대들에게, 내가 그대들을 나무랐듯이, 나의 아들들을 꾸짖어 달라고 부탁하고 싶습니다. 여러분이 이 부탁을 들어준다면, 나도 나의 아들들과 마찬가지로 여러분으로부터 합당한 보상을 받는 결과를 누리게 될 것입니다.

이제 떠나야 할 시간입니다. 우리는 각자의 길을 가야 합니다. 나는 죽음의 길로, 여러분은 삶의 길로 가야 합니다. 어느 길이 더 좋은지는 오직 신만이 알고 있습니다.

크리톤

소크라테스: 크리톤, 이 시간에 무슨 일인가? 꽤 이른 시간일 텐데.

크리톤: 물론이지.

소크라테스: 정확히 몇 신가?

크리톤: 막 동이 트려 하네.

소크라테스: 간수가 자네를 들여보내다니, 그것도 참으로 기이한 일이로군.

크리톤: 자주 오다 보니, 간수도 나를 알아봐. 게다가, 소크라테스, 내가 그 사람한테 호의도 베풀었거든.

소크라테스: 이제 막 온 건가?

크리톤: 아니, 좀 되었네.

소크라테스: 그러면 당장 깨울 일이지, 왜 말없이 앉아 있었어?

크리톤: 제우스 신을 걸고 말하는데, 소크라테스, 나라면 그렇게 하지 않을 걸세! 이 불면과 슬픔을 감수하지 않을 거라는 말이네. 나는 자네가 평화롭게 고이 잠을 잘 수 있다는 사실이 그저 신기하게만 느껴졌어. 그래서 자네를 깨우지 않았던 거야. 자네가 잠시라도 고통에서 벗어나 있기를 바랐던 거지. 이전에도 나는 자네가 삶을 대하는 태도 덕분에 행복할 거라고 늘 생각했지만, 현재의 이 불운 속에서 자네는 오히려 더 행복해 보이는군. 불행을 얼마나 쉽게, 또 얼마나 차분하게 견뎌내고 있는지, 지금까지 나는 어디서도 이런 예를

보지 못했어.

소크라테스: 아니, 크리톤, 내 나이 정도 되는 남자가 죽음을 맞을 가능성 앞에서 안절부절 안달해서는 안 되지.

크리톤: 다른 사람들에게도 그런 불운이 닥치지만, 나이가 많다고 해서 그런 운명을 한탄하지 않은 사람은 한 사람도 없었네.

소크라테스: 그럴 수도 있겠지만, 이렇게 이른 시간에 나를 찾은 이유를 아직 밝히지 않았어.

크리톤: 나쁜 소식이네. 내가 보기에, 자네에게는 그리 나쁘지 않을 수 있지만, 나를 비롯한 자네의 모든 친구들에게는 슬프고 고통스런 소식이지. 특히 나에게는 매우 견디기 힘든 일이라네.

소크라테스: 무슨 소식이기에! 그 배가 델로스에서 돌아왔나 보군?[55] 그 배가 여기 도착하면 내가 죽게 되어 있지.

크리톤: 아니, 아직 도착하지는 않았지만, 아마 오늘 여기로 올 것 같네. 수니움(Sunium)[56]에서 온 사람들이 거기서 그 배를 내렸다고 일러주었으니 말이네. 소크라테스, 따라서 내일이 자네 삶의 마지막 날이 될 걸세.

---

55 전설에 따르면, 한때 아테네는 크레타의 미노스 왕에게 매년 젊은 남자 7명과 처녀 7명을 공물로 바쳤다. 이 공물은 미노스가 어떤 미로 안에 두고 있던, 반은 인간이고 반은 수소인 괴물 미노타우로스에게 주어졌다. 이에 아테네의 전설적인 왕인 테세우스(Theseus)가 미노스의 딸 아리아드네의 도움으로 실을 이용하여 미로로 들어가서 미노타우로스를 죽이고 그곳을 빠져나올 수 있었다. 이로써 공물을 바치는 행위가 중단되었다. 그 후로 아테네는 델로스 섬에 있는 아폴론 신전에 감사의 사절단을 보내는 것으로 그 일을 기념했다. 이 사절단이 돌아올 때까지 아테네에서는 처형이 이뤄질 수 없었다.

56 아티카의 남동 해안의 곶으로, 아테네에서 약 50km 떨어져 있다.

소크라테스: 크리톤, 잘 됐네. 그것이 신의 뜻이라면, 나는 기꺼이 받아들일 거야. 어떻든 상관없지만, 그 배가 오늘 도착하지는 않을 거라고 믿네.

크리톤: 뭘 근거로 그렇게 생각하는가?

소크라테스: 자네한테 말하겠네. 나는 그 배가 도착하는 다음날 죽게 되어 있지 않던가?

크리톤: 그렇지. 당국자들[57]이 그렇게 밝혔지.

소크라테스: 그러나 그 배가 내일까지 여기 도착할 거라고 생각하지 않아. 간밤에 꾼 꿈을 근거로 하면 말이야. 어쩌면 방금 자네가 깨우지 않은 그 시간에 꾼 꿈인지도 몰라.

크리톤: 어떤 꿈이었는데?

소크라테스: 소복을 곱게 차려 입은, 매력적이고 아름다운 여인이 나에게 다가와서는 나를 부르며 이렇게 말하더군.

"오, 소크라테스여, 지금으로부터 사흘째 되는 날, 그대는 프티아[58]에 도착할 거야."[59]

크리톤: 소크라테스, 참으로 기이한 꿈이군!

소크라테스: 크리톤, 그래도 그 의미는 꽤 분명해. 적어도 내게는

57　이들이 '소크라테스의 변명'에 나오는 11인 위원회이다.

58　현재의 그리스 테살리아 주에 있었던 고대 도시.

59　꿈은 소크라테스의 영혼이 사흘째 되는 날 안식처를 발견할 것이라는 뜻이다.

그렇게 보여.

크리톤: 당연히, 너무도 분명하지. 그런데 소크라테스, 아직 늦지 않았어. 한 번 더 간곡히 부탁하네. 나의 조언을 받아들여 목숨을 구하도록 하게. 자네도 알잖아. 자네가 죽으면, 나는 절대로 대체할 수 없는 친구를 잃을 뿐만 아니라, 다른 불행을 하나 더 겪게 되어 있어. 자네와 나에 대해 모르는 사람들은 돈을 내놓을 뜻이 나에게 있었다면 친구의 목숨을 충분히 구할 수 있었을 텐데 내가 친구를 돌보지 않아서 자네가 죽었다고 믿을 거야.

이것보다 더 망신스런 불명예가 있는가? 내가 친구의 목숨보다 돈을 더 소중히 여기는 인간으로 여겨지게 될 테니 말이네. 우리가 자네한테 이곳을 탈출하자고 이렇게 권하고 있는데도, 많은 사람들은 이곳을 떠나기를 거부한 것이 정작 자네라는 사실을 받아들이지 못할 걸세.

소크라테스: 사랑하는 크리톤, 그런데 왜 우리가 대다수 사람들의 의견에 그렇게 신경을 써야 하지? 어쨌든, 우리가 고려할 가치가 있는 품격 있는 사람들은 이 모든 일에 대해 실제로 일어난 그대로 믿을 것이네.

크리톤: 하지만 자네의 소송에서도 분명히 드러났듯이, 과반수 사람들의 의견도 고려해야 한다는 사실을 자네도 확인하지 않았는가? 자네의 현재 상황 자체가 과반수의 사람들이 모략을 당하는 사람 누구에게나 사소한 피해를 입히는 것이 아니라 최악의 짓을 할 수 있다는 사실을 분명히 보여주고 있어.

소크라테스: 크리톤, 과반수의 사람들이 그런 최악의 짓이라도 할

수 있었으면 좋겠어. 그러면 그들이 대단히 선한 행위도 할 수 있을 테니까. 그렇게만 된다면 모든 것이 괜찮겠지. 그러나 실은 과반수는 선한 행위도 하지 못하고 악한 행위도 하지 못해. 그들이 한 인간을 현명한 존재로 만들거나 어리석은 존재로 만들지 못하기 때문이라네. 그들이 하는 행위는 무엇이든 우연의 결과일 뿐이야.

크리톤: 그 말에 이의를 제기하고 싶지는 않네. 소크라테스, 제발 말 좀 해 보게. 자네가 나와, 자네의 다른 친구들의 입장을 걱정하는 것은 아닌지? 자네가 여기서 탈출할 경우에 밀고자들이 우리를 괴롭히거나, 우리가 재산의 전부 또는 대부분을 잃거나, 무거운 벌금을 물거나, 그것보다 더 큰 재앙을 겪게 될 것이라고 걱정하고 있는가? 자네가 두려워하는 것이 이런 것이라면, 머릿속에서 그런 생각을 지우도록 하게. 자네를 살릴 수 있는 일이라면, 우리는 이것, 아니 그보다 더 큰 위험도 감수할 걸세. 그러니 제발 좀 내 말 믿고 내가 하라는 대로 하게.

소크라테스: 크리톤, 이제 그만 됐어. 자네가 언급한 내용도 나를 고민하게 만들지만, 결코 그것만은 아니야. 그것은 많은 것들 중 하나일 뿐이야.

크리톤: 그런 것들은 걱정하지 않아도 돼. 큰돈을 받지 않고도 자네를 감옥에서 구해내겠다고 나서는 사람들이 있으니까. 밀고자들에 대해 말하자면, 자네도 그들이 얼마나 싼지 잘 알지 않는가? 그들을 다루는 데는 그리 많은 돈이 필요하지 않아.

분명히 말해 두지만, 나의 돈도 자네를 위해 쓸 걸세. 혹시라도 나에 대한 걱정 때문에 돈을 쓰게 하고 싶지 않다면, 자네를 위해 가진 것을 기꺼이 내놓겠다고 나서는 외국인 방문자들도 있어. 그 중 한 사람인 테바이의 심미아스(Simmias)는 자네를 탈출시킬 목적으로 꽤 많은 돈을 갖고 왔어. 그리고 케베스(Cebes)를 비롯한 다른 많은 사람들도 돈을 기꺼이 지불하려 하네.[60] 그러니 그 문제로 자네의 목숨을 구하는 일을 망설여서는 안 돼.

그리고 법정에서 말한 것처럼, 망명할 경우에 어떻게 살아야 할지 막막하다는 식으로 말하지 않도록 해. 자네가 어디를 가든, 그곳 사람들이 자네를 사랑할 테니까. 테살리아에 내 친구들이 있는데, 자네가 그들에게 가길 원한다면, 그냥 가기만 하면 돼. 그들이 자네를 소중히 여기며 보호할 걸세. 테살리아 사람 누구도 자네를 힘들게 하지 않을 걸세.

게다가, 소크라테스, 나는 자네가 지금 하고 있는 행동이 정당하지 않다고 생각해. 자네가 목숨을 구할 수 있는 상황에서 목숨을 버리려 하고, 자네의 적들이 자네를 파괴할 목적으로 재촉하고 있는 바로 그 운명을 스스로 재촉하고 있으니 말이네. 더욱이, 자네가 어린 자식들을 배신하고 있다는 생각을 떨칠 수가 없어. 자네는 지금 아이들을 직접 키우며 교육시킬 수 있는데도, 그 길을 택하지 않고 아이들을 버리려 하고 있어. 그러면 아이들은 삶을 운에 맡겨야 할 것이고, 고아들이 겪는 운명을 맞게 될 걸세. 자식들을 끝까지 키우고 교육시킬 뜻이 없는 사람은 아이를 낳아서는 안 돼. 그런데 자네는 지금까지 모든 행동에서 미덕을 앞세웠던 사람답게 선하고 용감한 남

---

60 심미아스와 케베스는 소크라테스 추종자들이며, 『파이돈』에서 주요 대화자로 등장한다.

자의 길을 선택하지 않고, 엉뚱하게도 가장 편한 길을 선택하는 것처럼 보여.

자네를 둘러싼 이 모든 일의 원인이 우리의 용기 부족으로 돌려질 수 있다는 점을 생각하면, 진정으로 말하건대, 나는 자네뿐만 아니라 자네의 친구인 우리도 원망스럽다네. 자네 문제 앞에서 우리가 처음부터 끝까지 겁쟁이처럼 굴다가 일을 그르친 것 같아서 하는 말일세. 재판이 열릴 필요조차 없었거나 다른 이슈로 끌고 갈 수도 있었지 않았나 싶네. 어리석음의 극치를 보여주는 최종 결말은 우리 자신이 소심함과 비겁함 때문에 자초한 것처럼 보여.

우리가 조금만 더 현명하게 대처했더라면, 자네도 스스로를 구할 수 있었을 것이고, 우리도 자네를 구할 수 있었을 걸세(탈출에 전혀 아무런 어려움이 없었으니까). 소크라테스, 우리는 이 모든 것이 자네뿐만 아니라 우리에게도 얼마나 불명예스럽고 얼마나 비참한 일인지를 보지 못했어. 그러니 이제 마음을 정하도록 하게. 아니, 이미 결정했어야 했어. 깊이 고민하는 시간은 이미 지났어.

이제 할 일은 한 가지 뿐이야. 그것도 오늘 밤에 실행에 옮겨야 해. 그렇게 하지 않으면 만사 끝장이야. 조금의 지체도 허용되지 않아. 소크라테스, 이렇게 간절히 부탁하니, 제발 내 말대로 좀 해주게.

소크라테스: 사랑하는 크리톤. 자네의 열의는 옳은 일이라면 대단히 소중하지만, 그릇된 일이라면 열의가 강할수록 거기에 따르는 악도 더 커지는 법이네. 따라서 우리는 앞에 말한 것들을 행동으로 옮길 것인지 여부를 반드시 깊이 고려해 봐야 해. 이유는 나라는 사람이 옛날에도 그랬고 지금도 마찬가지로 이성의 안내를 받는 천성의

소유자이기 때문이지. 언제나 깊이 숙고한 뒤에 나 자신에게 최선인 것을 바탕으로 살아왔다는 뜻이라네.

나에게 이런 운명이 닥친 지금이라고 해서, 예전에 제시했던 원칙들을 내팽개칠 수는 없어. 지금까지 내가 소중히 여기며 지켜 왔던 원칙들을 지금도 여전히 소중히 여기고 있어. 우리가 더 훌륭한 다른 원칙을 즉각 발견하지 못한다면, 나는 자네의 뜻에 동의하지 못하네. 절대로! 과반수의 힘이 도깨비를 두려워하는 아이들을 다루듯 우리를 놀라게 하며, 훨씬 더 많은 투옥과 몰수, 죽음을 야기한다 할지라도 말이네.

그렇다면 이 문제들을 검증하는 가장 합리적인 방법은 무엇인가? 먼저 인간의 의견들에 대한 자네의 주장부터 보도록 하세. 사람이 일부 사람들의 의견에는 관심을 줘야 하지만 나머지 사람들의 의견에는 관심을 주지 말아야 한다는 것은 진리인가, 아니면 거짓인가? 내가 유죄 판결을 받기 전에 우리가 이 같은 주장을 고수한 것은 옳았는가? 아니면 그 말이 내가 죽어야 하기 전까지는 진리였지만, 지금은 당시에 단지 논쟁을 이어가기 위해 무책임하게 언급했던, 유치하기 짝이 없는 허튼소리에 불과한가?

크리톤, 이것이 내가 자네의 도움을 받아 고려해 보고자 하는 것이라네. 현재 나의 상황에서, 그 주장이 어쨌든 나에게 달리 보이는지, 그리고 우리가 그 주장을 마음에서 지워야 하는지, 아니면 그 주장을 받아들여야 하는지가 궁금하네. 스스로 이치에 맞는 말을 한다고 생각하는 사람들이, 조금 전에 말한 바와 같이, 일부 사람들의 의견은 진지하게 받아들여야 하지만 그 외의 사람들의 의견은 진지하게 받아들여서는 안 된다는 말을 즐겨 했다고 나는 생각하네. 크리톤, 정말로 자네는 그 주장이 진리였다고 생각하지 않는가? 자네는 적어도 내일 죽음을 맞을 사람은 아니니까 객관적일 수 있을 걸세. 인간 세계에서 자네가 내일 죽을 가능성은 전혀 없으니, 자네는 자신이 처한 상황에 기만당할 일도 없잖아.

그러니 말해 보게, 일부 의견들, 단지 일부 사람들의 의견만 존중되어야 하고 다른 의견들, 그러니까 나머지 사람들의 의견은 존중되어서는 안 된다고 말하는 내가 옳은지에 대해. 이 원칙을 고수하는 내가 옳은지에 대해 말해 줄 수 있겠나?

크리톤: 당연히 옳지.

소크라테스: 훌륭한 것은 존중되어야 하고, 나쁜 것은 존중되어서는 안 된다는 뜻인가?

크리톤: 그렇지.

소크라테스: 그리고 현명한 사람들의 의견은 훌륭하고, 현명하지 못한 사람들의 의견은 나쁜가?

크리톤: 그렇고말고.

소크라테스: 그리고 또 다른 문제에 대해서는 뭐라고 했던가? 체육 쪽의 제자는 모든 사람들의 칭송과 비난과 의견을 따르게 되어 있는가, 아니면 오직 한 사람, 그러니까 누가 되었든, 자신의 의사나 트레이너의 칭송과 비난과 의견을 따르게 되어 있는가?

크리톤: 오직 한 사람의 의견이지.

소크라테스: 그리고 그 제자는 대다수의 비난과 칭송이 아니라, 그 한 사람의 비난을 두려워하고 칭송을 환영해야 하지 않는가?

크리톤: 당연하지.

소크라테스: 그 제자는 여기저기서 온 다양한 사람들의 의견을 따를 것이 아니라, 이해력을 갖춘 단 한 사람의 스승이 훌륭하다고 판단하는 방식 대로 살고, 훈련하고, 먹고, 마셔야 하는가?

크리톤: 당연히 그래야지.

소크라테스: 만약 제자가 스승을 따르지 않고 스승의 의견이나 칭송을 무시하고, 이해력을 전혀 갖추지 않은 다수의 의견을 존중한다면, 그 제자에게 나쁜 일이 일어나지 않겠는가?

크리톤: 당연하지.

소크라테스: 스승의 의견을 따르지 않는 제자에게 어떤 피해가 따르는가? 그 사람의 어느 부위에 어떤 영향이 나타나는가?

크리톤: 틀림없이, 육체에 영향이 나타나게 되어 있지. 악에 의해 파괴되는 것이 바로 육체이니까.

소크라테스: 맞아. 크리톤, 굳이 사례를 별도로 열거할 필요도 없이, 이 말은 다른 것들에도 그대로 적용되지 않는가? 지금 우리의 논의의 주제인, 정당한 것과 부당한 것, 공정한 것과 불공정한 것, 선과 악의 문제에서도, 우리는 과반수의 의견을 따르고 과반수를 두려워해야 하는가, 아니면 이것들을 이해하는 한 사람의 의견을 따라야 하는가? 우리가 세상의 다른 모든 사람들보다 더 두려워하고 숭배해야 할 한 사람 말이네.

그 사람을 버릴 경우에, 우리가 정의에 의해 향상되고 부정(不正)에 의해 악화되는 것으로 여기고 있는, 우리 안의 그 부분이 파괴되거나 훼손되게 되어 있어. 우리 안에 그런 부분이 있지 않은가?

크리톤: 소크라테스, 당연히 있지.

소크라테스: 그렇다면, 이해력을 전혀 갖추지 않은 사람들의 의견을 따르다가, 우리가 건강에 의해 개선될 수 있고 질병에 의해 악화될 수 있는 부분을 파괴한다고 가정해 보게. 그 부분이 파괴될 때, 우리의 삶은 누릴 만한 가치가 있겠는가? 그리고 피해를 입은 그 부분은 당연히 육체이지 않은가?

크리톤: 그렇지.

소크라테스: 그러면 우리의 삶은 심각하게 손상을 입은 비참한 육체로도 살 만한 가치를 지닐까?

크리톤: 절대로 그럴 수는 없지.

소크라테스: 만약 정의에 의해 향상되고 부정(不正)에 의해 악화되는, 인간의 보다 고상한 그 부분이 심각하게 손상을 입는다면, 삶은 영위할 가치가 있을까? 자네는 인간의 내면에 있는, 정의와 부정(不正)과 관계있는 그 원칙이 육체보다 열등하다고 생각하는가?

크리톤: 절대로 그렇지 않아.

소크라테스: 그렇다면 그 원칙이 더 명예로운가?

크리톤: 훨씬 더 명예롭지.

소크라테스: 그렇다면, 친구야, 우리는 대다수가 우리에 대해 하는 말을 존중해서는 안 되네. 그럴 게 아니라, 정의로운 것과 정의롭지 않은 것을 충분히 이해하는 그 한 사람이 하는 말을, 그리고 진리가 하는 말을 존중해야 하네. 따라서 자네가 정의로운 것과 정의롭지 않은 것, 선한 것과 악한 것, 명예로운 것과 불명예스러운 것에 관한 과반수의 의견을 존중해야 한다고 제안할 때, 자네는 처음부터 오류

에서 시작했네. 아니, 그래도 누군가는 "그러나 과반수가 우리를 죽일 수도 있어요."라고 말할 수 있겠지.

크리톤: 맞아, 소크라테스. 그것이 틀림없는 대답일세.

소크라테스: 맞는 말이지. 그럼에도, 사랑하는 친구야, 나는 옛날의 주장이 여전히 흔들리지 않고 확고하다는 것을 발견한다는 사실이 그저 놀라울 뿐이야. 그리고 또 다른 명제, 즉 그냥 삶이 아니라 훌륭한 삶이 가장 높이 평가받아야 한다는 명제에 대해서도 똑같이 말할 수 있는지 알고 싶군.

크리톤: 그 명제 또한 여전히 진리로 남아 있지.

소크라테스: 그리고 훌륭한 삶은 정의롭고 명예로운 삶을 두고 하는 말이지. 그것 또한 진리 아닌가?

크리톤: 여전히 진리라네.

소크라테스: 이 전제들에 비춰 가며, 내가 아테네 시민들의 동의를 받지 않고 감옥을 탈출하려고 시도해야 하는가, 하는 문제를 파고들까 하네. 만약 탈출하는 것이 명쾌하게 옳은 일이라면, 나는 탈출을 시도할 걸세. 그러나 그것이 옳은 일이 아니라면, 나는 탈출을 포기할 걸세.

자네가 언급한 다른 고려사항들, 말하자면 돈과 평판 상실, 자식들을 교육시킬 의무 같은 것은 단지 과반수 사람들의 원칙일 뿐이야. 언제든 아무 생각 없이 누군가를 사형에 처했다가, 다시 살려낼 수만 있다면 다시 살려내기도 하는 그런 과반수의 사람들 말이네.

그러나 그 주장이 지금까지 지배적이었기 때문에, 유일하게 고려해야 할 질문은 우리가 탈출하거나 타인들이 우리의 탈출을 돕는 대가로 그들에게 사례금을 지급하면서 정당하게 행동할 수 있는가, 아니면 정당하게 행동하지 못하는가 하는 것이라네. 만약 후자로 결론이 내려진다면, 죽음이나, 내가 감옥에 남음으로써 일어날 수 있는 다른 재앙은 고려의 대상이 될 수 없네.

크리톤: 소크라테스, 자네 말이 옳아. 그래도 나는 자네가 우리가 해야 할 일을 고려하길 바라네.

소크라테스: 그 문제를 함께 검증해 보세. 자네가 나의 잘못을 증명한다면, 내가 납득할 것이네. 그렇지 않다면, 사랑하는 친구야, 내가 아테네 시민들의 소망을 저버리고 탈출해야 한다는 말은 더 이상 하지 않도록 하게. 나 자신이 자네한테 설득당할 수 있기를 간절히 바라지만, 보다 훌륭한 나의 판단을 내팽개치면서까지 설득당하고 싶지는 않으니까. 그러면 이제 우리의 탐구의 출발점을 고려하고, 최선을 다해 나에게 대답해주길 바라네.

크리톤: 그렇게 하겠네.

소크라테스: 사람은 의도적으로 나쁜 짓을 절대로 해서는 안 되는가? 아니면 어떤 상황에서는 나쁜 짓을 할 수도 있지만 다른 상황에서는 나쁜 짓을 해서는 안 되는가? 아니면 우리가 과거에 종종 동의했듯이, 나쁜 짓을 하는 것은 언제나 사악하고 불명예스러운가? 아니면 예전에 이뤄진 이 합의들이 요 며칠 사이에 모두 폐기되었는가? 그리고 우리가 이 나이에 아이들보다 나을 것이 조금도 없다는 사실을 확인하기 위해 평생 동안 서로 정직하게 토론해 왔단 말인가? 아니면 우리가 말하곤 했던 것은 정말로 진리인가? 다시 말해, 과반수의 사람들이 동의하든 안 하든, 그리고 우리가 지금보다 훨씬

더 나쁜 일을 겪든 훨씬 더 수월한 일을 겪든, 어떤 상황에서도 부당한 행동을 하는 것은 옳지 않고 수치스럽다는 말은 진리인가? 그것이 우리가 뜻하는 바가 아닌가?

크리톤: 당연하지.

소크라테스: 그렇다면 우리는 그릇된 행동을 하지 말아야 하지 않는가?

크리톤: 그러면 안 되지.

소크라테스: 그렇다면, 대다수의 사람들이 생각하는 것과 달리, 사람은 부당한 행위에 대한 대응으로도 부당한 행위를 해서는 안 된다네. 누구에게도 부당한 행위를 해서는 안 되기 때문이지.

크리톤: 그러면 절대로 안 되지.

소크라테스: 크리톤, 다시 묻겠는데, 사람이 때에 따라서 나쁜 짓을 해도 괜찮은가?

크리톤: 소크라테스, 절대로 그래서는 안 되네.

소크라테스: 타인의 부당한 행위로 인해 피해를 입은 사람이 그에 대한 보복으로 상대방에게 해를 가하는 것은 어떤가? 과반수의 사람들이 생각하는 것처럼 그런 행위도 정당한가, 아니면 정당하지 않은가?

크리톤: 정당하지 않지.

소크라테스: 그렇지, 해를 입은 사람이 상대방에게 해를 입히는 것과 부당한 행위를 하는 것 사이에는 전혀 아무 차이가 없지 않은가? 난 그렇게 생각해.

크리톤: 아주 옳은 말이네.

소크라테스: 그렇다면 우리가 어떤 사람으로 인해 고통을 당했을지라도, 그 악한 짓을 악으로 보복해서는 안 된다는 말이로군. 그리고 크리톤, 이 말에 동의하면서, 자네가 믿고 있는 것과 완전히 반대인 것에 동의하는 일이 없도록 조심하게. 자네도 알다시피, 나는 이런 식으로 생각하는 사람들이 극히 소수이고 앞으로도 그럴 것으로 알고 있어. 따라서 이런 식으로 생각하는 사람들과 그렇지 않은 사람들 사이에는 원칙적으로 어떤 동의도 있을 수 없으며, 그들은 서로가 너무나 다르다는 사실을 확인할 때마다 서로를 경멸할 뿐이라네.

이제 자네가 나의 첫 번째 원칙에 동의하는지 여부를 말해 주게. 해를 입히는 것도, 보복하는 것도, 악을 악으로 물리치는 것도 절대로 옳을 수 없다는 견해 말이네. 그것이 우리의 고찰의 출발점이 될 수 있는가? 아니면 자네는 이 원칙을 거부하며 거기에 동의하지 않는가? 이것이 옛날에도 나의 의견이었고 지금도 나의 의견이지만, 혹시 자네가 다른 의견을 갖고 있다면, 나에게 들려주길 바라네. 그러나 만약 자네가 옛날과 똑같은 의견이라면, 여기서 다음 단계로 넘어갈 생각이네.

크리톤: 그래도 상관없어. 내가 마음을 바꾸지 않았으니까.

소크라테스: 그렇다면, 다음 단계로 넘어가겠네. 질문 형태로 바꾸면 이렇게 되지. 사람은 자신이 옳다고 인정하는 것을 해야 하는가, 아니면 옳은 것을 외면해야 하는가?

크리톤: 자신이 옳다고 판단하는 것을 해야 하지.

소크라테스: 만약 이것이 진리라면, 그걸 응용해 보는 것이 어떻겠는가? 아테네 시민들의 뜻과 반대로 감옥에서 빠져나간다면, 그러

는 나는 어쨌든 옳지 않은 행동을 하는 것이 아닌가? 또는 내가 그릇된 행위를 해서는 안 되는 사람들에게 옳지 않은 행동을 하는 것이 아닌가? 나 자신이 우리가 정의롭다고 인정한 원칙을 팽개치는 것이 아닌가? 대답해 보게.

크리톤: 소크라테스, 나는 대답하지 못하겠어. 모르니 말이네.

소크라테스: 그렇다면 그 일을 이런 식으로 고려해 보게. 내가 여기서 달아나려 한다고 가정해 보게. 우리가 하려는 짓을 어떤 식으로 표현하든 상관없어. 그런데 법(法)들과 도시 공동체가 이리로 와서 우리를 가로막으며 이렇게 말한다고 가정해 보게.

"소크라테스, 말하시오. 지금 무슨 짓을 하려 하고 있소? 지금 도모하는 행위로 법들과 도시 전체를 파괴하려고 하지 않소? 한 도시에서 내려진 법적 심판이 전혀 아무런 힘을 발휘하지 못하고 개인의 사사로운 행위에 의해 권위를 상실하고 훼손된다면, 당신은 그런 도시가 전복되지 않고 계속 존속할 수 있다고 생각합니까?"

크리톤, 이 질문이나 이와 비슷한 다른 질문들에 어떻게 대답하지? 누구나, 특히 똑똑한 웅변가라면 우리가 파괴하려 하는 법을 위해 할 말이 많을 걸세. 법적 심판은 한 번 내려지기만 하면 권위를 지닌다고 정한 법을 위해서 말이네. 거기에 우리는 이렇게 대답할 수는 있겠지. "하지만 국가가 부당한 판결을 내림으로써 우리에게 피해를 입혔소." 그래도 내가 이런 말을 할 것이라고 짐작하는가?

크리톤: 소크라테스, 아주 좋아.

소크라테스: 그런데 법들이 이렇게 되물으면 어떻게 할 건가?

"소크라테스, 당신과 우리 사이에 국가의 판결을 존중한다는 합의가 있었지 않소?"

그때 만약 우리가 이 말에 놀라움을 나타낸다면, 법들은 아마 이렇게 덧붙일 걸세.

"소크라테스, 우리의 말에 두 눈을 휘둥그레 뜨고 놀랄 것이 아니라 대답을 하시오. 당신은 질문하고 대답하는 일에 아주 능숙하지 않소? 우리와 국가를 파괴하려는 당신의 행위를 정당화하는 불만은 도대체 무엇이오? 그것을 말해 보시오. 가장 먼저, 우리가 당신을 세상에 존재하도록 하지 않았소? 당신의 아버지는 우리의 도움으로 당신의 어머니와 결혼해서 당신을 낳았소. 당신이 결혼을 규정하는 법에 반대할 것이 있으면 말해 보시오."

이에 대해 나는 "아니오, 없소."라고 대답해야 하네.

"아니면 당신도 거쳐 온, 어린이들의 양육과 교육 체계를 규정하는 법들에게 반대할 것이 있소? 이 일을 책임진 법들이 당신 아버지가 당신에게 음악과 체육을 훈련시키도록 명령하는 것이 옳지 않았단 말이오?"

이에 대해서도 "옳았소."라고 나는 대답해야 하네.

"좋아, 그렇다면, 당신이 세상에 태어나서 우리에 의해 길러지고 교육을 받았는데, 당신 자신이 우리의 아이이고 노예라는 점을 부정할 수 있소? 당신보다 앞서 당신의 아버지가 우리의 아이였고 노예였듯이. 만약 이것이 진실이라면, 당신은 우리와 동등하지 않소. 당신은 우리가 당신에게 하는 행위를 당신도 똑같이 우리에게 할 권리를 갖는다고 생각할 수 없소.

당신이 당신의 주인이나 아버지에게 맞거나 욕을 듣거나 다른 나쁜 일을 당한다고 해서 당신도 똑같이 그들에게 그렇게 할 권리를 갖소? 당신은 그런 일에 대해서는 입도 뻥긋하지 못할 것이오. 그리고 우리가 당신을 파괴할 권리에 대해 생각한다는 이유로, 당신도 똑같이 우리를, 그리고 당신의 나라를 최대한 파괴할 권리를 갖는다고 생각하고 있소? 오, 진정한 미덕의 스승이여, 당신은 그렇게 하는 것이 정당하다고 말할 건가요? 당신 같은 철학자가 나라가 어머니와 아버지는 물론이고 그 어떤 조상보다 훨씬 더 소중하고 더 고귀하고 더 신성하다는 것을, 우리의 나라가 신들과 분별력 있는 인간들의 눈에는 훨씬 더 중요해 보인다는 것을 깨닫지 못했소?

또한 나라가 화를 낼 때, 그때는 아버지가 화를 낼 때보다 더 경건하게 달래며 간청해야 하고, 설득하지 못하면 복종해야 하지 않소? 그리고 나라가 투옥이든 태형이든 처벌을 결정할 때, 당신은 그 처벌을 침묵 속에 견뎌내야 하지요. 나라가 당신이 전쟁터에 나가서 다치거나 죽게 하더라도, 당신은 그것까지도 옳은 것으로 여기고 따라야 하며, 어느 누구도 항복하거나 후퇴하거나 대열을 이탈하지 않소. 전쟁터에서든, 법정에서든, 아니면 다른 장소에서든 사람은 자신의 도시와 나라가 명령한 것을 하거나, 그렇게 하지 않으려면 정의로운 것에 관한, 도시와 국가의 관점을 변화시켜야 하오. 만약 사람이 자기 아버지와 어머니에게 폭력을 절대로 행사하지 않는다면, 사람이 자기 나라에 폭력을 행사하는 일은 더더욱 있을 수 없소."

크리톤, 이 말에 우리가 어떻게 대답해야 하는가? 법들은 진리를 말하고 있는가, 거짓을 말하고 있는가?

크리톤: 진리를 말하고 있는 것 같네.

소크라테스: 이어서 법들은 이렇게 말할 걸세.

"소크라테스여, 만약 이것이 진리라면, 당신이 현재 꾀하고 있는 탈출 시도가 우리에게 피해를 입힌다는 사실을 고려해야 하지 않겠소? 왜냐하면 당신을 세상에 태어나게 해서, 기르고, 교육시키고, 모든 시민들에게 제공하는 재화를 모두 준 뒤에도, 우리가 추가로 모든 아테네 시민들에게 성년이 되어 도시의 삶의 방식을 직접 경험한 뒤에 우리를 좋아하지 않는 경우에 재산을 챙겨서 어디든 갈 수 있다는 사실을 선언하고 또 그런 권리까지 부여했기 때문이오. 우리 법들 중에서 그 어떤 것도 이 도시를 떠나겠다는 사람을 간섭하거나 막지 않소. 당신들 중에서 우리와 도시를 싫어하여 식민지나 다른 도시로 가기를 원하는 사람은 누구든 재산을 챙겨서 원하는 곳으로 갈 수 있소.

그러나 우리가 정의를 유지하고 나라를 관리하는 방식을 경험한 사람은 우리가 명령하는 대로 할 것이라는 계약을 암묵적으로 맺은 것이나 다름없소. 우리의 명령을 거역하는 사람은 세 번 잘못을 저지르는 것이나 마찬가지라오. 첫째, 그 사람이 우리를 따르지 않음으로써 자신의 부모를 거역하기 때문이오. 둘째, 우리가 그의 교육의 창조자이기 때문이오. 셋째, 그가 우리의 명령을 따를 것이라고 우리와 합의했기 때문이오. 그런데 그는 우리의 명령을 따르지도 않고 우리의 명령이 잘못되었다는 점을 우리에게 설득시키지도 않았소. 우리는 그 명령을 거칠게 강요하지 않고, 그에게 우리에게 복종하든지 아니면 우리를 설득시키든지 둘 중 하나를 선택할 권리를 주고 있소. 우리가 그런 선택권을 주는데도, 그는 어느 것도 하지 않고 있소. 소크라테스여, 만약 당신의 의도가 성취된다면, 우리가 말했듯이, 이런 것들이 당신이 들을 수 있는 비난이오. 다른 아테네 주민들보다 당신에게 특히 더 해당되는 비난이라오."

이 대목에서 내가 왜 이런 비난이 나에게 쏟아지는지 묻는다고 가정해 보세. 그러면 법들은 다른 사람은 몰라도 나는 그 계약을 인정했다고 받아칠 것이네. 법들은 이렇게 말하겠지.

"소크라테스여, 우리와 도시가 당신에게 못마땅하지 않았다는 점을 뒷받침하는 명확한 증거가 있소. 아테네 시민들 중에서 당신이 이 도시에서 가장 지속적으로 거주한 사람이오. 당신이 이 도시를 떠난 적이 없기 때문에, 당연히 당신은 도시를 사랑하는 것으로 여겨지고 있소. 딱 한 번 이스트미아[61]로 간 것을 제외하고는 당신이 제전을 구경하러 도시 밖으로 나간 적은 결코 없었소.

군 복무를 할 때를 제외하고는 다른 곳으로 간 적도 없소. 다른 사람들과 달리, 당신은 여행도 하지 않았소. 당신은 다른 나라들이나 그 나라들의 법률을 알고 싶은 호기심을 전혀 느끼지 않았소. 당신의 애착은 우리와 우리의 나라를 벗어나지 않았소. 우리는 당신이 특별히 좋아하는 대상이었고, 당신은 우리가 당신을 통치하는 것을 묵인했소. 이곳은 당신이 자식들을 낳은 나라이고, 그 같은 사실은 당신이 이 나라에 만족한다는 것을 뒷받침하는 증거라오.

더욱이, 당신은 원하기만 했다면 재판 중에 벌칙으로 망명을 정

61　펠로폰네소스 반도와 그리스 본토를 연결하는 지협을 일컫는다. 그 근처에서 올림피아 제전과 피티아 제전, 네메아 제전과 함께 고대 그리스의 4개 대회로 꼽히던 이스트미아 제전이 열렸다.

할 수도 있었소. 지금은 나라가 당신이 밖으로 나가는 데 반대하지만, 그때는 당신을 보낼 수도 있었소. 그러나 당신은 망명보다 죽음을 더 좋아하는 척 했고, 죽음을 슬퍼하지 않는 것처럼 행동했소. 지금 당신은 그런 멋진 감정들을 망각했으며, 우리, 즉 법들을 전혀 존경하지 않고 있소. 오히려 당신은 법들을 파괴하고 있소. 그리고 당신은 비참한 노예나 할 법한 짓을 하고 있소. 감옥에서 달아남으로써, 한 사람의 시민으로서 당신이 맺은 협약과 합의를 저버리려 하고 있으니 말이오. 무엇보다, 이 질문에 대답하도록 하시오. 우리가 당신이 우리와 일치를 꾀하며 말이 아니라 행동으로 우리의 통치를 받기로 동의했다고 말한다면, 그것은 진실인가 아니면 거짓인가?"

크리톤, 이 질문에 어떻게 대답해야 하는가? 우리가 동의해야 하지 않겠나?

크리톤: 소크라테스, 그러는 수밖에 없겠네.

소크라테스: 그러면 법들이 이렇게 말하겠지.

"소크라테스여, 당신은 우리와 위급한 상황에서 강제 또는 기만에 의해 맺은 것이 아니라 한가한 시간에 맺은 계약과 합의를 파기하려 하고 있소. 당신은 그 계약과 합의에 대해 생각할 시간을 70년이나 가졌소. 우리가 당신의 마음에 들지 않았거나 우리의 조항들이 부당해 보였다면, 그 긴 세월 동안에 당신은 언제든지 자유롭게 도시를 떠날 수 있었소. 당신은 선택권을 누렸으며, 마음만 먹으면 당신이 훌륭한 행정을 편다고 종종 칭송한 라케다이몬(Lacedaemon)[62]

---

62   고대에 스파르타는 이 이름으로도 알려졌다.

이나 크레타로 가거나 그리스의 다른 도시나 외국으로 갈 수 있었소. 그런데 당신은 아테네 시민 누구보다도 나라를, 또는 나라의 법들인 우리를 뜨겁게 사랑하는 것처럼(법을 전혀 갖추지 않은 국가를 사랑하는 사람은 없을 테니까) 보였소. 나라를 벗어날 생각을 전혀 하지 않는다고 여겨질 정도로.

다리를 저는 사람이나 앞을 보지 못하는 사람이나 사지가 온전치 못한 사람들도 나라 안에서 당신보다 한자리에 더 오래 머물지 않았소. 그런데 지금 당신은 달아나려 하면서 합의를 저버리려 하고 있소. 만약 당신이 우리의 조언을 받아들인다면, 소크라테스여, 그런 행위는 하지 않도록 하시오. 도시를 탈출함으로써 당신 자신을 어리석은 인간으로 전락시키지 않도록 하시오. 이것 한 가지만 고려해 보시오. 만약 그런 식으로 법을 어기고 잘못을 저지른다면, 당신이 당신 자신에게나 당신의 친구들에게 어떤 이로움을 안길 것 같소? 당신의 친구들이 시민권을 박탈당하고, 추방되거나 재산을 잃을 것이 너무나 확실하지 않소? 그리고 당신 자신은 또 어떻게 되겠소? 당신이 이웃 도시들 중 하나로, 예를 들어, 통치가 잘 되고 있다는 테바이나 메가라로 달아난다면, 소크라테스여, 당신은 한 사람의 적으로서 그곳에 갈 것이오. 그곳의 정부는 당신에게 적대적일 것이고, 그곳의 애국 시민들은 모두 법을 파괴한 당신에게 악의에 찬 눈길을 보낼 것이오. 그러면 당신은 당신의 재판을 맡은 재판관들이 일을 제대로 처리했다고 생각하면서 그들의 의견이 옳았다는 것을 확인하게 될 것이오. 법을 훼손시키는 사람은 누구든 젊고 어리석은 사람들을 타락시키는 존재로 여겨질 가능성이 아주 크기 때문이오.

그러면 당신은 훌륭한 법과 질서를 갖춘 도시들과 가장 존경할 만한 인간들을 멀리할 건가요? 만약 그렇게 한다면, 당신의 삶은 살 만한 가치가 있겠소? 소크라테스여, 그런데도 뻔뻔스럽게 그 사람들에게로 가서 그들과 대화하며 살겠소? 소크라테스여, 도대체 그들과 무슨 말을 하겠다는 건가요? 당신이 여기서 했던 그대로, 법과 합법적인 행동과 함께 미덕과 정의가 인간들의 가장 소중한 소유물이라고 말할 건가요? 그런 식의 대화가 당신에게 어울릴 것 같소? 절대로 그렇지 않소.

　　그러나 만약 당신이 통치가 잘 이뤄지고 있는 국가들을 멀리하고 무질서하고 자유가 지나친 곳인 테살리아의 크리톤의 친구들에게로 달아난다면, 그들은 감옥에서 달아난 당신의 이야기에 매료될 것 같소. 염소 가죽이나 그 외의 다른 위장용 옷을 걸치고 도망자 차림으로 변신한 당신의 모습에 익살맞은 요소가 많으니 말이오. 하지만 당신이 늙은 나이에 목숨을 조금 더 부지하려는 비겁한 욕망에서 더없이 신성한 법을 위반했다는 사실을 상기시킬 사람이 거기라고 한 사람도 없을 것 같소? 당신이 온갖 수단을 다 동원하여 그들이 온화한 성격을 잃지 않도록 한다면, 아마 그런 사람이 나타나지 않을지도 모르겠소. 그러나 만약 당신이 그들을 화나게 한다면, 당신은 모멸적인 말을 많이 듣게 될 것이오.

　　당신이 살아남을 수는 있겠지만, 삶을 어떤 식으로 산단 말이오? 모든 사람들의 비위를 맞추는 아첨꾼으로서, 모든 사람들의 하인으로서? 뭘 하면서? 만찬을 즐기며 살기 위해 테살리아로 간 것처럼, 먹고 마시며? 그때 정의와 미덕에 관한 당신의 훌륭한 의견은 어디에 있소? 당신이 살기를 원하는 것이 자식들을 위해서인가? 당신이 아이들을 직접 기르고 교육시키기 위해서? 그래서 아이들을 테살리아로 데려가서 그들이 아테네 시민권을 박탈당하도록 하겠다는 것인가? 그것이 당신이 아이들에게 안겨줄 혜택인가? 아니면 당신이 아이들을 옆에서 지키지는 못할지라도 그래도 어딘가에 살아 있으면, 당신의 자식들이 여기서 보살핌을 더 잘 받고 교육을 더 잘 받을 것이라는 생각이 들어서 그러는가? 당신의 친구들이 그들을 보살펴줄 것 같아서? 당신이 테살리아의 거주자가 되면 당신의 친구들이 아이들을 보살펴 주고, 저승의 거주자가 되면 그들이 아이들을 보살피지 않을 것이라고 상상하고 있소? 그렇지 않소. 지금 친구라고 자처하는 사람들이 진정한 친구라면, 틀림없이 당신 아이들을 보살필 것이오.

소크라테스여, 그러니 당신을 길러준 우리에게 귀를 기울이도록 하시오. 당신의 목숨과 아이들을 먼저 생각하고 정의를 나중에 생각할 것이 아니라, 정의를 먼저 생각하고, 당신이 저승의 지배자들 앞에서 당당할 수 있는 길을 먼저 생각하시오. 만약 당신이 크리톤의 권고를 따른다면, 여기 이승에서도 당신 자신에게나 당신의 친구들에게나 더 나을 것 같지 않소. 그것은 더 신성하지도 않고 더 정의롭지도 않은 것 같소.

실은 당신은 결백한 상태에서, 악행을 저지른 자가 아니라 순교자로서, 법들의 희생자가 아니라 인간들의 희생자로서 세상을 떠나려 하고 있소. 그러나 만약 당신이 그 일을 계속 진행시킨다면, 다시 말해 당신이 악을 악으로, 피해를 피해로 갚으며 당신이 우리와 맺은 계약과 협약을 깨뜨리고, 당신이 피해를 입혀서는 안 되는 사람들, 말하자면 당신 자신과 당신의 친구들과, 당신의 나라, 그리고 우리에게 피해를 끼치며 여기를 빠져나간다면, 우리는 당신이 살아 있는 동안 당신에게 화를 낼 것이고, 우리의 형제인 저승의 법도 당신을 적으로 받아들일 것이오. 그곳의 법도 당신이 우리를 파괴하기 위해 온갖 노력을 기울였다는 사실을 잘 알고 있으니까. 그러니 크리톤의 말을 들을 것이 아니라 우리의 말을 듣도록 하시오."

사랑하는 친구 크리톤이여, 이것이 신비주의자의 귀에 들리는 피리 소리처럼 나의 귀에 속삭이듯 들려오는 목소리라네. 그 목소리가 나의 귀에 메아리치며 그 외에 다른 소리를 듣지 못하도록 막고 있어. 그리고 나는 자네가 하려는 말이 헛되다는 것을 알고 있어. 그래도 할 말이 있으면 해 보게.

크리톤: 소크라테스, 더는 할 말이 없네.

소크라테스: 크리톤, 그렇다면 나를 그냥 놓아 주게. 그것이 신의 뜻을 따르는 길일세.

———

파이돈

에케크라테스: 파이돈, 소크라테스 선생님께서 독약을 들이켜실

63   엘리스 출신의 고대 그리스 철학자이다. 그는 소년 시절에 전쟁 중에 포로로
잡혀 노예로 팔렸다. 그는 아테네에서 소크라테스와 인연을 맺었으며, 그 덕분에 자
유의 몸이 되었다.

64   플리오스 출신의 피타고라스 학파 철학자.

65   고대 그리스 철학자로 소크라테스의 제자이며 케베스의 친구이다.

66   테바이 출신의 고대 그리스 철학자(B.C. 430?-B.C. 350?)로 소크라테스의 추
종자였다.

67   펠로폰네소스 반도에 위치했던 도시 국가.

때 감옥에 있었습니까?

파이돈: 예, 에케크라테스, 그 자리에 있었습니다.

에케크라테스: 선생님의 죽음에 대해 설명해 주길 바랍니다. 선생님께서 생의 마지막 몇 시간 동안 무슨 말씀을 하셨습니까? 그분이 독약을 마시고 세상을 떠났다는 이야기는 들었습니다만, 그 이상은 아무것도 모르고 있습니다. 요즘엔 플리오스 사람도 아테네로 통 가지 않고, 아테네 사람이 플리오스를 마지막으로 찾은 것도 오래 전의 일이지요. 그래서 선생님의 죽음에 대해 확실히 아는 것이 하나도 없습니다.

파이돈: 재판 절차에 대해서도 듣지 못했습니까?

에케크라테스: 재판에 대해서는 들어 알고 있습니다. 누군가가 말해주었지요. 그러나 선생님께서 사형 선고를 받고도 한참 뒤에 죽음을 맞은 이유가 이해되지 않았습니다. 이유가 뭐였습니까?

파이돈: 에케크라테스, 그건 순전히 우연이었습니다. 이유는 이렇습니다. 아테네 주민들이 델로스로 보내는 선박의 뒷부분이 어쩌다가 소크라테스 선생님께서 재판을 받기 전 날 화환으로 장식되었기 때문이지요.

에케크라테스: 무슨 선박입니까?

파이돈: 아테네 주민들이 들려주는 이야기에 따르면, 이 배는 테세우스가 공물로 바칠 14명의 젊은이들을 데리고 크레타로 갈 때 탔던 배이며, 아울러 테세우스 본인과 젊은이들에게 구원자 같은 배였답니다. 당시에 테세우스와 젊은이들은 아폴론 신에게 맹세를 했다고 전해지지요. 혹시 그들이 목숨을 구하게 된다면, 해마다 델

로스[68]를 참배하겠다는 내용이었답니다.

이 관습은 지금도 이어지고 있으며, 델로스까지 갔다가 돌아오는 그 여행은 아폴론 신의 사제가 배의 후미를 장식하는 것으로 시작되지요. 이 기간은 성스러운 시기이며, 그 동안에는 도시를 처형으로 더럽히는 것이 허용되지 않습니다. 그러다 보니, 배가 사나운 풍랑 때문에 지체하는 경우에 처형이 상당히 지연되는 일이 종종 벌어집니다. 지금 말한 바와 같이, 그 배의 후미 장식이 재판이 시작되기 하루 전에 이뤄졌지요. 이것이 소크라테스 선생님께서 사형 선고를 받고도 한참 동안 감옥에서 지내시다가 사형에 처해진 이유입니다.

에케크라테스: 파이돈, 소크라테스 선생님은 어떤 모습으로 죽음을 맞으셨습니까? 어떤 말씀을 하셨고, 또 어떤 행동을 보였습니까? 그리고 선생님의 친구들 중에서 선생님의 임종을 지켜본 사람은 누구입니까? 혹시 친구들이 현장을 지키는 것을 당국이 허용하지 않아 선생님께서 홀로 세상을 떠나셨습니까?

파이돈: 그렇지 않습니다. 선생님의 친구들 중 몇 분이 선생님의 마지막을 함께했습니다.

에케크라테스: 바쁜 일이 없다면, 그때 일어난 일을 최대한 정확히 전해 주길 바랍니다.

파이돈: 딱히 할 일이 있는 것도 아니니, 당신의 소망을 들어드리겠습니다. 나에게도 소크라테스 선생님을 떠올리는 것보다 개인적으로 더 큰 기쁨을 주는 일은 없으니까요. 나 자신이 이야기를 하는

---

68 그리스 신화에서 아폴론 신의 고향이다.

입장이든, 아니면 다른 사람으로부터 선생님에 관한 이야기를 듣는 입장이든 불문하고 말입니다.

에케크라테스: 그런 생각을 가진 당신과 똑같은 마음으로 당신의 말에 귀를 기울이려는 사람들이 있을 것입니다. 최대한 정확히 전해주기를 기대합니다.

파이돈: 선생님과 자리를 함께할 때 나의 전신을 휘감았던 이상한 기분이 기억납니다. 나 자신이 친구가 죽음을 맞는 자리에 있다는 사실을 거의 믿지 못했거든요. 에케크라테스, 그래서 나는 그분에게 동정심을 느끼지 못했습니다. 그분의 몸가짐과 말투는 죽음의 시간에도 너무나 고상하고 두려움을 몰랐기 때문에, 나에게는 오히려 그분이 축복받은 것처럼 보였지요. 나는 저승으로 가는 소크라테스 선생님께서 신의 부름을 받았음에 틀림없다고 생각했습니다. 또 그분이 그곳에 도착할 때 거기에 어떤 인간이라도 있다면 그분이 행복해할 것 같다는 생각이 들었지요. 그래서 나는 평소에 그런 자리에서 느끼는 감정과 달리 선생님에게 연민을 느끼지 않았습니다.

하지만 나는 철학적 토론(그날 우리가 이야기한 주제가 철학이었다)에서 평소에 느꼈던 즐거움을 느낄 수 없었습니다. 즐거우면서도 고통스런 시간이었습니다. 나 자신이 선생님께서 곧 죽을 것이라는 사실을 알고 있었기 때문이지요. 이처럼 감정이 묘하게 교차하는 현상은 그곳에 있던 우리 모두에게 공통적이었습니다. 우리는 웃다가 흐느끼고, 흐느끼다가 웃곤 했지요. 곧잘 격해지는 아폴로도로스가 특히 더 심했지요. 당신도 그런 부류의 사람을 잘 알잖아요?

에케크라테스: 물론이지요.

파이돈: 아폴로도로스는 꽤 슬픔을 가누지 못하는 모습을 보였으며, 나 자신을 포함해 모든 이들의 마음을 크게 흔들었지요.

에케크라테스: 그 자리에 누가 있었습니까?

파이돈: 아테네 시민으로는 아폴로도로스 외에 크리토불로스와 그의 아버지 크리톤, 헤르모게네스(Hermogenes), 에피게네스, 아이스키네스, 안티스테네스(Antisthenes)가 있었고, 파이아니아 시구(市區)의 크테시포스(Ctesippus)와 메넥세노스(Menexenus) 외에 다른 몇 사람이 있었지만, 내가 잘못 안 것이 아니라면, 플라톤은 몸이 아팠습니다.

에케크라테스: 다른 지역에서 온 사람도 있었습니까?

파이돈: 예, 테바이의 심미아스와 케베스, 파이돈데스(Phaedondes)가 있었고, 메가라 출신인 에우클레이데스(Eucleides)와 테르피손(Terpison)이 있었지요.

에케크라테스: 아리스티포스(Aristippus)와 클레옴브로토스(Cleombrotus)도 있었습니까?

파이돈: 아니오, 그들은 아이기나 섬에 있었던 것으로 전해졌지요.

에케크라테스: 그 외에 다른 사람은?

파이돈: 이들이 거의 전부였습니다.

에케크라테스: 그때 그곳의 사람들이 나눴던 이야기의 주제는 무엇이었습니까?

파이돈: 처음부터 전체 대화를 되살리도록 노력하겠습니다. 먼저, 당신은 우리가 재판이 열리던 법원에서 그 전부터 아침 일찍 모이곤

했다는 사실을 알아야 합니다. 법원은 감옥에서 멀지 않지요. 우리는 법원에서 감옥 문이 열릴 때까지 서로 대화하며 기다리다가(감옥 문이 아주 일찍 열리지는 않기 때문), 감옥으로 들어가서 대체로 소크라테스와 함께 하루를 보냈지요.

마지막 날 아침에는 그 모임이 평소보다 더 일찍 이뤄졌습니다. 이유는 전날 저녁에 신성한 그 선박이 델로스로부터 도착했다는 소식이 들렸기 때문이지요. 그래서 우리는 늘 만나던 장소에서 아주 일찍 만나기로 약속했지요. 우리가 감옥으로 가자마자, 문 쪽으로 왔던 간수가 우리를 안으로 들이지 않고 밖으로 나와서 우리에게 기다리고 있으면 부르겠다고 하더군요. 그는 이렇게 말했지요.

"11인 위원회[69]가 지금 소크라테스 선생님과 함께 있습니다. 선생님의 사슬을 풀고 오늘 그분이 죽게 되어 있다는 내용의 명령을 전달하고 있습니다."

간수가 금방 돌아와서 우리에게 들어와도 좋다고 하더군요. 감방에 들어서자마자, 소크라테스 선생님께서 방금 사슬에서 풀려난 것을 확인할 수 있었습니다. 그분 옆에는 당신도 아는 크산티페(Xanthippe)가 아이를 안고 앉아 있었습니다. 그녀는 우리를 보자 여자들이 흔히 그러듯 울며 넋두리를 쏟아 내더군요.

"오, 소크라테스, 이것이 마지막이군요. 당신 친구들이 당신과 대화할 시간도 이제는 다시 없을 것이고, 당신이 친구들과 대화할 시간도 다시는 없겠군요."

69　추첨으로 선출되는 아테네 관리로, 감옥의 관리와 처형을 책임졌다.

그러자 소크라테스 선생님께서 크리톤 쪽으로 몸을 돌리며 "크리톤, 누구 시켜서 그녀를 집에 좀 데려다 주게."라고 하더군요. 그러자 크리톤 쪽의 사람들 몇몇이 가슴을 치며 울부짖던 그녀를 데리고 나갔지요. 그녀가 나가자, 소크라테스는 침상에서 몸을 일으키고 다리를 구부려 문지르기 시작하며 이렇게 말씀하셨습니다.

"쾌락이라고 불리는 것이 얼마나 기이한 것인지 몰라. 쾌락이 정반대의 것으로 여겨지는 고통과 너무도 이상하게 연결되어 있어서 하는 말이네. 쾌락과 고통은 한 인간에게 절대로 동시에 오지 않거든. 그럼에도, 그것들 중 어느 하나를 추구하는 인간은 대체로 다른 하나를 얻게 되지. 쾌락과 고통은 둘임에도 하나의 머리 또는 줄기에서 자라나는 것 같아. 아이소포스(Aesop)[70]가 쾌락과 고통에 주목했더라면 그 둘의 갈등을 화해시키려고 노력하는 어떤 신에 관한 우화를 틀림없이 썼을 것이라는 생각을 떨칠 수가 없어. 아마 그 신은 그 임무를 결코 완수할 수 없다는 사실을 확인하고는 둘의 머리를 함께 붙여버렸을 거야. 이것이 쾌락과 고통 중 어느 하나가 나오면 다른 하나가 뒤따라 나오는 이유일 걸세. 나 자신의 경험에서도 그 같은 사실이 확인되고 있네. 나의 다리에 사슬로 야기된 고통 뒤에 쾌감이 오고 있으니 말이네."

(여기서부터 누가 말했다는 식의 표현을 반복하는 번거로움을 피하기 위해 소크라테스의 감옥 안에서 오간 말을 대화 형식으로 바꾼다/옮긴이)

---

70 흔히 이솝으로 알려진 우화작가를 말한다.

케베스: 소크라테스 선생님, 선생님께서 아이소포스의 이름을 언급했다는 사실에 대해 매우 기쁘게 생각합니다. 그것이 많은 사람들이 던져왔던 질문을 떠올리게 합니다. 제가 시인 에베노스로부터 그 질문을 들은 것은 바로 그제였습니다. 에베노스가 그 질문을 다시 할 것이 틀림없으니, 선생님께서 그에게 대답하고 싶으시다면, 저에게 말씀하시면 됩니다. 그는 예전에 시를 한 줄도 쓰지 않으시던 선생님께서 감옥에 갇혀 계신 지금 아이소포스의 우화들을 시로 바꾸고 아폴론 신을 기리는 찬가를 쓰시는 이유가 무엇인지 궁금해 했습니다. 그에게 뭐라고 대답하면 좋겠습니까?

소크라테스: 그 사람에게 말해주게. 그나 그의 시와 겨룰 생각은 조금도 없다고. 진심으로 하는 말이네. 내가 그렇게 할 수 없다는 사실을 나 자신이 잘 알고 있기 때문이지. 나는 나 자신이 어떤 꿈들과 관련해서 느낀 양심의 가책을 씻어낼 수 있을 것인지 알고 싶었을 뿐이야. 삶을 살면서, 나는 꿈들을 통해서 내가 음악을 만들어야 한다는 암시를 종종 받았거든. 똑같은 꿈이 어떤 때는 이런 형태로, 또 어떤 때는 저런 형태로 나타났지만, 꿈들은 언제나 거의 동일하거나 동일한 말을 하고 있었어. 음악을 만들고 발전시키라고 부추기는 내용이었다네.

지금까지 나는 이 꿈들이 단지 철학 공부에 매진하는 나를 격려하려는 뜻을 담고 있다고만 상상했네. 내가 일생 동안 추구한 철학이야말로 가장 고귀하고 가장 훌륭한 음악이 아닌가? 그 꿈들은 나에게 이미 하고 있는 것을 더욱 열심히 하라고 권하고 있었어. 달리기 경기에 나선 선수가 이미 죽을 힘을 다해 달리고 있는 때에 관중들로부터 더 빨리 달리라는 뜻으로 응원을 받듯이 말이네.

그래도 나는 확신이 서지 않았어. 그 꿈들이 통속적 의미에서 말하는 그 음악을 의미했을 수도 있다는 생각이 들었기 때문이지. 사형 선고를 받은 상태에서 제전 덕분에 형 집행이 연기된 터라, 나 자신이 그 양심의 가책을 해소시킬 경우에 더욱 안전할 수 있지 않을까 하는 생각이 들었다네. 그래서 그 꿈을 따라, 내가 떠나기 전에 몇 편의 시가를 썼을 뿐이야. 먼저, 그 제전의 신을 기리는 찬가를 한 편 만들었고, 이어서 시인이 진정으로 한 사람의 시인 또는 창작자가 되려면 단어들을 결합시킬 줄도 알아야 할 뿐만 아니라 이야기까지 엮어낼 줄 알아야 한다는 판단에서, 이미 잘 알고 있는 아이소포스의 우화들을 시가로 바꿨네.

에베노스에게 그렇게 말하고 행복하게 살라는 인사도 전해 주게. 현명하게 판단할 줄 아는 사람이라면, 최대한 빨리 나의 뒤를 따를 줄 알아야 한다는 말도 전해 주게. 나는 오늘 갈 가능성이 아주 커. 아테네 시민들이 나에게 그렇게 할 것을 요구하고 있으니 말일세.

심미아스: 그런 사람에게 안부라니요! 그 사람을 자주 봐서 아는데, 제가 아는 한, 그 사람은 강요당하지 않는 이상 절대로 선생님의 조언을 받아들이지 않을 겁니다.

소크라테스: 뭐라고? 에베노스가 철학자가 아니란 말인가?

심미아스: 철학자라고는 생각합니다.

소크라테스: 그러면 그도, 아니 철학의 영(靈)을 가진 사람은 누구나 기꺼이 죽으려 할 걸세. 자살이 옳지 않다는 인식 때문에, 자신의 생명을 스스로 끊으려 하지는 않을 것이지만.

이 대목에서 소크라테스 선생님께서 자세를 바꿔 앉으시며 두 다리를 침상 밖으로 바닥까지 내리시더군요. 그 후로 대화하시는 내내 선생님께서는 앉아 계셨습니다.

케베스: 선생님께서는 사람은 목숨을 스스로 끊어서는 안 된다고 하시면서도 철학자라면 죽어가고 있는 사람을 따를 준비가 되어 있을 것이라고 하셨는데, 그 말씀은 무슨 뜻입니까?

소크라테스: 그렇다면 필롤라오스(Philolaus)[71]를 잘 아는 케베스와 심미아스가 그가 이 문제에 대해 하는 말을 한 번도 듣지 못했단 말인가?

케베스: 소크라테스 선생님, 저는 아직 그분의 철학을 이해하지 못했습니다.

소크라테스: 나의 말도 메아리에 불과하지만, 내가 들은 것을 되풀이하지 않을 이유는 없지. 기꺼이 설명하겠네. 정말이지, 내가 다른 세상으로 떠나려는 마당에 곧 있을 그 순례의 본질에 대해 생각하고 말하는 것은 너무도 당연하지. 지금 이 순간부터 일몰 때까지, 내가 할 수 있는 일로 이것보다 더 훌륭한 것이 있겠는가?

케베스: 소크라테스 선생님, 자살이 옳지 않은 이유를 설명해 주십시오. 저는 필롤라오스가 저희와 함께 테바이에 머물 때 자살이 옳지 않다고 단언하는 소리를 분명히 들었습니다. 똑같은 말을 하는 사람들이 그 외에도 많습니다. 그래도 그들 중 어느 누구도 제가 필롤

---

71 소크라테스와 동시대를 살았던 고대 그리스 철학자로 피타고라스 학파로 분류된다.

라오스를 이해하도록 돕지는 못했습니다.

소크라테스: 그래도 용기를 잃지 말고 열심히 노력하도록 하게. 이해할 날이 언젠가는 올 테니까. 나쁜 것들 대부분이 뜻하지 않게 좋을 수 있는데, 죽음이 유일하게 예외인 이유(어떤 경우에는 죽음이 삶보다 더 나을 수도 있지 않은가?)를, 그리고 어떤 사람이 죽는 것이 더 나을 때, 그 사람에게 자신에게 이로운 행위를 하는 것이 허용되지 않는 이유를 궁금해 하는 것 같군.

케베스: (웃음을 지으며, 출신 지역인 도리아 사투리로) 제우스 신을 걸고 말씀드리는데, 정말입니다.

소크라테스: 얼핏 보면 일관성이 없는 것처럼 보이지만, 최종적으로 모순이 한 점도 남지 않을 걸세. 은밀히 속삭이는 어떤 가르침이 있네. 인간은 자신이 갇혀 있는 감옥의 문을 열고 달아날 권리를 절대로 누리지 못하는 죄수 같은 존재라는 가르침이 그거야. 이것은 나도 잘 이해하지 못하는 위대한 미스터리야. 그럼에도, 나는 신들이 우리의 보호자이고, 우리는 신들의 소유물이라고 믿고 있어. 자네는 동의하지 않는가?

케베스: 당연히, 그 말씀에 동의하지요.

소크라테스: 만약 자네의 소유물 중 하나가, 예를 들어 자네의 소나 당나귀가 자네가 그 녀석이 죽기를 바란다는 암시를 전혀 하지 않았는데도 자기 마음대로 죽는다면, 자네는 그 소나 당나귀에게 화를 내거나, 할 수만 있다면 그 녀석을 처벌하지 않겠는가?

케베스: 틀림없이 그렇게 해야 하지요.

소크라테스: 그렇다면, 사람은 지금 신이 나를 부르고 있는 것처

럼 소환할 때까지 기다려야 하며 자신의 목숨을 스스로 끊지 말아야 한다고 말하는 데는 다 이유가 있을 걸세.

케베스: 그렇습니다, 소크라테스 선생님. 틀림없이 그래야 하는 이유가 있을 것입니다. 하지만 선생님께서는 신이 우리의 보호자이고 우리가 신의 소유물이라는, 진리처럼 보이는 이 믿음과, 저희가 지금 철학자의 특성으로 돌리고 있는, 죽고자 하는 의지를 어떤 식으로 서로 조화시키실 것입니까?

인간들 중에서 가장 현명한 사람들이 지배자들 중에서 최고인 신들의 명령에 따라 하는 유익한 활동을 기꺼이 버릴 수 있어야 한다는 생각은 합리적이지 않습니다. 어떤 현자도 신들로부터 자유롭게 놓여난 상태에서 자기 자신을, 신들이 돌봐줄 때보다 더 잘 돌볼 수 있다고 생각하지 않기 때문이지요.

어리석은 사람은 아마 그렇게 생각할 수 있을 것입니다. 그런 사람은 자신의 의무가 선한 주인의 곁을 떠나지 않고 끝까지 남는 것이라는 사실을 고려하지 않고 주인으로부터 달아나는 것이 더 바람직하다고 주장할 수 있습니다. 게다가, 어리석은 사람이 달아나는 것은 전혀 아무런 의미를 지니지 않습니다. 그러나 현자는 자신보다 더 훌륭한 존재와 언제나 함께하기를 원할 것입니다. 소크라테스 선생님, 이것은 방금 말씀하신 내용과 정반대입니다. 이 견해에 따르면, 현자는 삶을 마감하는 것을 슬퍼해야 하고 어리석은 자는 기뻐해야 하기 때문이지요.

이 대목에서 케베스의 진지함이 소크라테스 선생님을 기쁘게 하는 것처럼 보였습니다. 선생님께서 우리 쪽으로 몸을 돌리며 말씀하셨지요.

소크라테스: 케베스, 자네는 언제나 탐구심이 넘치는 것 같군. 무엇이든 곧장 받아들이지 않고, 어떤 주장에도 쉽게 설득당하지 않는 것 같네.

심미아스: 이 경우에 제가 보기에 케베스의 반대가 상당히 그럴 듯합니다. 진정으로 현명한 사람이 자신보다 더 훌륭한 스승의 곁을 가벼운 맘으로 떠나기를 원하는 것이 도대체 어떤 의미를 지닐 수 있습니까? 저는 케베스가 선생님에 대해 언급하고 있다고 상상합니다. 케베스는 선생님께서 우리를 기어이 떠나려 하시고, 선생님께서 인정한 바와 같이 우리의 훌륭한 통치자인 신들을 기어이 떠나려 하신다고 생각하고 있지요.

소크라테스: 알겠네만, 거기엔 이유가 있어. 자네는 이 비난에 대해 내가 법정에서 하듯 대답해야 한다고 생각하는가?

심미아스: 저희가 알고 싶어 하는 것이 바로 그 이유입니다.

소크라테스: 그렇다면 내가 재판관들 앞에서 나 자신을 변호할 때보다 더 강렬한 인상을 남길 수 있도록 노력해야겠군. 심미아스야, 그리고 케베스야, 만약 내가 똑같이 현명하고 선한 다른 신들에게로 가게 된다(이 점에 대해서 나는 대단히 강하게 확신한다)고 기대하지 않는다면, 또 내가 뒤에 남겨두고 가는 사람들보다 더 훌륭한 사자(死者)들에게로 가게 된다(이 점에 대해서는 그리 강하게 확신하지 않는다)고 기대하지 않는다면, 나도 죽음 앞에서 슬퍼해야 한다

는 점을 인정할 거야. 그렇지만 나는 그다지 슬프지 않아. 거기도 죽은 자들을 위해서 무엇인가가, 우리가 오랫동안 얘기해 왔듯이, 사악한 사람보다 선한 사람에게 훨씬 더 좋은 무엇인가가 있을 것이라는 희망을 품고 있기 때문이지.

심미아스: 소크라테스 선생님께서는 선생님의 사상들을 그냥 갖고 가시겠다는 뜻입니까? 그 사상들을 저희에게 전해주시지 않으시렵니까? 그렇게 해 주시면 저희 모두가 혜택을 누릴 수 있을 것입니다. 게다가, 선생님께서 저희를 설득시킨다면, 그것은 선생님에게 쏟아졌던 비난에 대한 대답도 될 것입니다.

소크라테스: 최대한 노력해 보겠네. 먼저, 크리톤이 원하는 것이 무엇인지 듣도록 하세. 그가 무슨 말인지를 하려 하고 있으니까.

크리톤: 다른 게 아니야. 자네한테 독약을 줄 담당자가 나에게 자네가 말을 많이 하지 않았으면 하는 뜻을 전하더군. 그걸 자네가 알았으면 좋겠다는 뜻이었네. 이유는 말을 많이 하면 몸에 열이 높아지고, 그 열이 독의 작용을 방해한다는 것이었어. 흥분한 탓에 독약을 두세 번 마시는 예가 종종 있다더군.

소크라테스: 자기 일이나 신경 쓸 것이지. 필요하다면 독약을 두세 번 줄 준비를 하면 되는 것이고.

크리톤: 자네가 그런 식으로 말할 줄 이미 알고 있었지만, 나로서는 그의 부탁도 들어줘야 하니까.

소크라테스: 그 사람에 대해선 신경 쓰지 말게. 오, 나의 배심원들이여, 이제 자네들에게 대답하겠네. 그렇게 함으로써, 진정한 철학자로 삶을 살았던 사람은 죽음 앞에서도 용기 있는 모습을 보일 근거

를 갖고 있다는 것을, 그리고 죽은 뒤에 저승에서도 최고의 평가를 받을 것이라고 기대할 수 있다는 것을 보여주겠네. 심미아스와 케베스야, 진정한 철학자는 어떻게 그런 기대를 품을 수 있는지 자네들에게 설명하겠네.

철학의 진정한 신봉자는 사람들로부터 쉽게 오해를 살 수 있겠다는 생각이 드는군. 사람들이 철학의 신봉자가 늘 죽음을 추구하며 죽어가고 있다는 것을 좀처럼 이해하지 못할 것이니까. 만약 이것이 사실이라면, 평생 동안 죽음에 대한 욕망을 품고 살았던 사람이 언제나 추구했던 그것에 도달했다는 사실에 대해 불평해야 할 이유가 무엇인가?

심미아스: (미소를 지으며) 절대로 웃을 분위기가 아닌데도, 사악한 세상 사람들이 선생님께서 이런 말씀을 하시는 것을 보면 무슨 말을 할까 하고 생각하다가 그만 웃음을 참지 못하고 말았습니다. 그 사람들은 그 말이야말로 참으로 옳다고 말할 것입니다. 나의 고향 사람들도 철학자들이 원하는 삶은 정말로 죽음이라면서, 또 철학자들이 스스로 갈망하는 죽음을 누릴 자격을 갖췄다는 사실을 확인했다면서 그들의 의견에 동의할 것입니다.

소크라테스: 심미아스야, 그 사람들의 말이 맞아. 단, "그들이 확인했다"는 말만 빼고. 철학자들도 진정한 철학자가 갈망하는 이 죽음의 본질이 무엇인지를, 또는 진정한 철학자가 어떻게 죽음을 갈망하게 되거나 죽음을 누릴 가치를 지니게 되는지를 아직 알지 못했기 때문이야. 그 사람들이 뭐라 하든 그냥 내버려 두고, 우리끼리 그 문제를 놓고 토론해 보세. 우리는 죽음 같은 것이 있다고 믿는가?

심미아스: 틀림없이 있습니다.

소크라테스: 그러면 죽음은 영혼과 육체의 분리에 불과한가? 그리고 죽어 있는 상태는 이 분리의 성취이고, 영혼이 육체를 떠나 그 자체로 존재하게 되고 육체가 영혼을 떠날 때, 그것이 죽음인가?

심미아스: 죽음은 바로 그런 것입니다. 그것 외에 다른 것일 수 없습니다.

소크라테스: 친구야, 또 다른 질문이 있는데 자네는 이 질문에 어떻게 대답할 것인가? 이 질문에 대한 자네의 의견을 듣고 싶네. 그에 대한 대답이 아마 현재의 탐구에 도움이 될 걸세. 먹고 마시는 행위도 쾌락이라 불릴 수 있다면, 자네는 철학자가 그런 쾌락에도 관심을 가져야 한다고 생각하는가?

심미아스: 절대로 그렇지 않습니다.

소크라테스: 사랑의 쾌락에 대해서는 어떤 의견인가? 철학자가 사랑의 쾌락에 관심을 둬야 하는가?

심미아스: 아닙니다.

소크라테스: 그리고 철학자는 육체를 만족시키는 다른 방법들, 예를 들면, 값비싼 옷이나 가죽신 또는 다양한 장신구들의 획득에 대해 많이 생각해야 하는가? 철학자라면 그런 방법들에 대해 신경 쓸 것이 아니라, 본성이 필요로 하는 그 이상의 것은 무엇이든 경멸해야 하지 않는가? 자네 의견은 어떤가?

심미아스: 진정한 철학자는 그런 것들을 경멸할 것입니다.

소크라테스: 자네는 진정한 철학자라면 전적으로 육체가 아니라 영혼에 관심을 둘 것이라고 말하지 않겠나? 진정한 철학자는 가능한

한 육체를 벗어나서 영혼에 관심을 둘 걸세.

심미아스: 옳은 말씀입니다.

소크라테스: 이런 종류의 문제들에서, 철학자들은 다른 사람들과 달리 온갖 방식으로 영혼을 육체로부터 분리시키고 있는 것이 관찰될 것이네.

심미아스: 맞는 말씀입니다.

소크라테스: 심미아스야, 반면에 세상의 나머지 사람들은 육체적 쾌락을 전혀 누리지 않는 삶은 살 가치가 없다는 의견을 갖고 있네. 그들의 눈으로 보면, 육체적 쾌락에 대해 전혀 생각하지 않는 사람은 죽은 사람이나 마찬가지야.

심미아스: 맞는 말씀입니다.

소크라테스: 지혜를 실제로 획득하는 것에 대해서는 어떻게 생각하는가? 그 탐구 활동에서 육체를 파트너로 여긴다면, 육체가 방해가 될까, 도움이 될까? 말하자면, 시력과 청력이 그 자체로 진실한가? 시인들이 언제나 우리에게 들려주고 있듯이, 시력과 청력은 부정확한 목격자가 아닌가? 시력과 청력조차 부정확하고 불명료한데, 다른 감각들은 어떻겠는가? 자네들은 시력과 청력을 감각들 중에서 최고로 꼽지 않는가?

심미아스: 당연합니다.

소크라테스: 그렇다면 영혼은 언제 진리에 닿는가? 영혼이 육체와 함께 어떤 것이든 검증하려 들 때마다 육체에게 완전히 기만당하게 되니 하는 말이네.

심미아스: 맞는 말씀입니다.

소크라테스: 사물들의 본질이 영혼에게 명백하게 드러나는 것이 가능하다면, 어쨌든 그것은 생각 속에서나 가능하지 않을까?

심미아스: 그렇습니다.

소크라테스: 그리고 생각이 가장 훌륭한 때는 마음이 마음 안으로 완전히 모이고 소리나 시각, 고통, 쾌락이 마음을 전혀 방해하지 않는 때라네. 말하자면, 마음이 육체와 관계를 가능한 한 적게 맺고, 육체적 감각이나 느낌을 전혀 갖지 않고, 오직 본성만을 열망하고 있는 때가 바로 그런 때이지.

심미아스: 옳은 말씀입니다.

소크라테스: 이 점에서, 철학자는 육체를 멸시하고, 철학자의 영혼은 육체에서 벗어나서 홀로 있기를 갈망하지 않는가?

심미아스: 옳은 말씀입니다.

소크라테스: 심미아스, 그래도 문제가 한 가지 더 남아 있어. 절대 정의(正義) 같은 것이 있는가, 아니면 없는가?

심미아스: 틀림없이 있습니다.

소크라테스: 그리고 절대 미(美)와 절대 선(善)은?

심미아스: 당연히 있습니다.

소크라테스: 하지만 자네는 그런 것들 중 어느 것이라도 눈으로 본 적이 있는가?

심미아스: 당연히 없습니다.

소크라테스: 아니면 다른 육체적 감각으로 그런 것에 닿은 적이 있는가? 지금 나는 그런 것들만을 거론하고 있는 것이 아니라네. 절대적 위대와 절대적 건강, 절대적 힘에 대해서, 그리고 모든 것의 정

수(精髓) 또는 진정한 본질에 대해서도 말하고 있어. 그런 것들의 실체가 신체 기관을 통해서 자네에게 지각된 적이 있는가? 그런 것들의 몇 가지 본질에 관한 지식에 가장 근접한 지식도 자신이 고려하고 있는 것의 핵심을 가장 정확히 인식할 수 있는 방향으로 지적 상상력을 발휘한 사람에 의해서 성취된 것이 아닌가?

심미아스: 당연히 그렇습니다.

소크라테스: 그런 것들 각각에 오직 마음으로 접근하는 사람만이 그것들에 관한 가장 순수한 지식에 닿을 수 있어. 그런 사람은 각 대상에 가능한 한 이성으로만 접근하지. 생각하는 행위에 시력도 끌어들이지 않고, 추론에 다른 어떤 감각도 동원하지 않아. 그 사람은 각각의 문제에서 더없이 맑은 마음의 빛으로 진리의 빛을 뚫고 들어간다네. 그 사람은 눈과 귀를 포함한 전체 육체를 영혼이 지식을 획득하는 데 방해가 되는 요소로 여기며 최대한 제거한다네. 이런 부류의 사람이야말로, 어쨌든 사물의 본질에 관한 지식에 닿는 것이 가능하다면, 그런 지식을 획득할 가능성이 가장 큰 사람이 아닌가?

심미아스: 소크라테스 선생님, 그 말씀에 심오한 진리가 담겨 있습니다.

소크라테스: 이 모든 것들을 고려한다면, 진정한 철학자들은 깊이 숙고해야만 하지 않는가? 그들은 거기서 얻은 사상에 대해 서로 이런 식으로 말할 걸세.

"어떤 고찰의 경로를 발견했어. 그런데 그 경로가 우리로 하여금 이런 식으로 결론을 내리게 하는군. 말하자면, 우리가 육체 안에 있는 동안에, 그리고 영혼이 악의 덩어리인 이 육체와 뒤엉켜 있는 동안에, 진리에 관한 우리의 욕망은 결코 충족되지 않을 것이라고 말이네. 육체가 단순히 부양을 필요로 한다는 사실 때문에 끝없이 문제의 원인으로 작용하기 때문이지. 육체는 또 진리를 추구하는 우리를 압도하며 방해하는 질병에도 취약해. 그것만이 아니야. 육체는 우리를 사랑과 정욕, 두려움, 공상, 우상, 그리고 온갖 종류의 어리석음으로 가득 채움으로써, 사람들이 흔히 말하듯이, 우리가 생각조차 제대로 하지 못하도록 방해하고 있어.

전쟁과 싸움, 당쟁은 어디서 오는가? 그것들이 육체와 육체의 갈망에서 비롯되지 않으면 도대체 어디서 오겠는가? 전쟁은 돈에 대한 사랑에서 일어나고, 돈은 육체를 위해 획득되고 있어. 이 모든 결과들로 인해, 철학에 주어져야 할 시간이 사라져 버렸어. 게다가, 시간이 있고 철학을 추구하는 경향이 있다 하더라도, 육체는 고찰의 과정 속으로 소란과 혼란과 두려움을 끌어들임으로써 우리가 진리를 보지 못하도록 방해하고 있어. 모든 경험은 우리가 어떤 것에 관한 것이든 순수한 지식을 얻기를 원한다면 육체로부터 해방되어야 한다고, 또 영혼이 직접 만물을 그 자체로 볼 수 있어야 한다고 말하고 있어. 그러면 우리가 갈망하는 그것에 닿을 수 있어. 바로 그것이 지혜이고, 우리는 자신에 대해 지혜를 사랑하는 사람이라고 말할 수 있다네. 지금까지의 논증이 보여주듯이, 그 지혜를 우리는 살아 있는 동안에 얻는 것이 아니라 죽은 뒤에 얻게 될 거야. 영혼이 육체와 함께 하는 동안에는 순수한 지혜를 갖지 못하기 때문이라네.

둘 중 하나인 것 같아. 지혜에 절대로 닿지 못하든가, 혹시 가능하다면 사후에나 닿을 수 있는 것 같아. 죽은 뒤에야 영혼이 육체 없이,

그야말로 홀로일 수 있기 때문이지. 그때까지 영혼이 홀로 있는 것은 절대로 불가능하거든. 이 현세에서는, 우리가 육체에 대한 관심이나 걱정을 거의 놓아버린 까닭에 육체적 본성에 젖어 있지 않은 상태에서, 신이 우리를 기꺼이 자유롭게 해방시키는 시간까지 순수하게 남을 때, 우리가 지혜에 가장 근접하게 된다고 나는 생각하네. 그러면 육체의 어리석음이 씻겨나가고, 우리가 순수해져서 다른 순수한 영혼들과 대화하고, 스스로 온 곳에서 맑은 빛을 알아보게 되지. 바로 이 맑은 빛이 진리의 빛이 아니고 무엇이겠는가. 불순한 것은 순수한 것에 절대로 접근하지 못하기 때문이라네."

심미아스야, 이것은 지혜를 진정으로 사랑하는 존재들이라면 서로에게 말하지 않을 수 없고 생각하지 않을 수 없는 내용이라네. 자네도 그 점에서 나의 의견에 동의하는가?

심미아스: 물론이지요, 소크라테스 선생님.

소크라테스: 그러나 만약 이것이 진리라면, 친구야, 나는 지금 가려 하는 그곳에서 옛날에 자네들과 나의 주요 관심사였던 바로 그것으로 크게 만족할 것이라는 기대를 품고 있네. 떠날 시간이 정해진 지금, 내가 품고 떠나는 것은 그런 희망이야. 나만이 아니라, 자신의 마음을 정화시켰다고 믿는 모든 사람이 품을 수 있는 희망이지.

심미아스: 당연한 말씀입니다.

소크라테스: 앞에서 말한 바와 같이, 정화라는 것이 영혼을 육체로부터 분리시키는 것이 아니고 무엇이겠는가? 그것은 영혼이 육체의 모든 부분들로부터 벗어나서 영혼 자체 속으로 완전히 모이는 습관이고, 저승에서와 마찬가지로 이승에서도 영혼이 가능한 한 홀로

자신의 자리에 남아 있는 것이 아닌가? 영혼이 육체의 사슬로부터 풀려난 상태 말이네.

심미아스: 정말 옳으신 말씀입니다.

소크라테스: 그리고 죽음이라 불리는 것은 바로 영혼이 육체로부터 분리되고 해방되는 것이 아니고 달리 무엇이겠는가?

심미아스: 틀림없습니다.

소크라테스: 오직 진정한 철학자들만이 공부하며 영혼을 해방시키기를 갈망하고 있네. 영혼을 육체로부터 분리시키고 해방시키는 것이 그들의 특별한 공부가 아닌가?

심미아스: 맞는 말씀입니다.

소크라테스: 처음에 말한 바와 같이, 최대한 죽음의 상태에서 살 수 있기 위해 공부하는 사람들이 막상 죽음이 닥치면 불평하는 것은 터무니없는 모순이 아닐 수 없네.

심미아스: 물론입니다.

소크라테스: 심미아스, 진정한 철학자들이 언제나 죽음을 공부하고 있으니, 모든 사람들 중에서 그들에게 죽음이 가장 덜 무섭게 다가오지 않겠는가? 이 문제를 이런 식으로 보도록 하세. 진정한 철학자들이 언제나 육체의 적(敵)이 되어 영혼만 갖기를 바랐는데, 막상 그들에게 영혼만 갖는 것이 허용되자 몸을 떨며 불평을 터뜨리다니, 이 얼마나 모순된 일인가. 그들이 도착하기만 하면 평생 사랑했던 것을 얻을 희망을 품을 수 있는 장소로 떠난다는 사실 앞에서 기뻐하지 않으니 말일세. 동시에 적의 동행까지 피할 수 있는데도 말이네.

많은 사람들이 저승에서 세속의 연인이나 아내, 아들을 만나 대화하겠다는 희망에서 기꺼이 그 세상으로 떠나려 하고 있어. 그런데 지혜를 진정으로 사랑하고 오직 저승에서만 지혜를 가치 있게 즐길 수 있다는 것을 이해한 사람이 도대체 죽음 앞에서 어떻게 불평할 수 있단 말인가? 그 사람은 기쁜 마음으로 떠나지 않겠는가? 친구야, 만약 그 사람이 진정한 철학자라면, 그는 틀림없이 기쁜 마음으로 떠날 걸세. 그가 다른 곳이 아니라 오직 그곳에서만 순수한 지혜를 발견할 수 있다는 확신을 강하게 품고 있기 때문이지. 만약에 이것이 사실이라면, 내가 말한 바와 같이, 죽음을 두려워하는 그는 매우 어리석은 존재일 것이네.

심미아스: 그렇습니다.

소크라테스: 그리고 죽음 앞에서 투덜거리는 사람이 있다면, 그런 망설임이야말로 그 사람이 지혜를 사랑하는 사람이 아니라 육체를 사랑하는 사람이라는 것을, 또 동시에 돈이나 권력 중 어느 하나 또는 둘 다를 사랑하는 사람이라는 것을 뒷받침하는 강력한 증거가 아니겠는가?

심미아스: 정말 옳은 말씀입니다.

소크라테스: 심미아스야, 용기라 불리는 미덕이 있어. 그런데 그것은 철학자의 특별한 특성이 아닌가?

심미아스: 물론이지요.

소크라테스: 자제도 있어. 다수의 사람들까지도 자제라고 부르는, 열정들을 잠재우고 통제하고 경멸하는 성향은 육체를 멸시하며 철학 속에서 사는 사람들에게만 가능한 자질이 아닌가?

심미아스: 부정할 수 없는 말씀입니다.

소크라테스: 철학을 추구하지 않는 사람들의 용기와 자제는, 자네가 깊이 고려한다면, 정말 모순인 것으로 드러날 걸세.

심미아스: 왜 그렇습니까?

소크라테스: 자네도 알다시피, 죽음은 일반적으로 사람들에게 중대한 악으로 여겨지고 있어.

심미아스: 옳은 말씀입니다.

소크라테스: 용기 있는 사람들은 죽음보다 더 큰 악들을 두려워하기 때문에 죽음을 받아들이지 않는가?

심미아스: 옳은 말씀입니다.

소크라테스: 그렇다면 철학자들을 제외한 모든 사람들은 오직 두려움 때문에 용기를 내는 것이라네. 인간이 두려움 때문에, 겁쟁이이기 때문에 용기를 내는 것은 틀림없이 이상한 일이지.

심미아스: 정말 그렇습니다.

소크라테스: 그리고 자제력 있다는 소리를 듣는 사람들은 또 어떤가? 그들도 똑같은 상황에 처해 있지 않은가? 그들도 무절제하기 때문에 자제력을 발휘하고 있어. 이것도 모순처럼 보이지만, 그럼에도 멍청이 같은 자제력의 실제 모습이 그렇다네. 그런 사람들은 어떤 쾌락들을 박탈당할까 두려워하고 있어. 따라서 그들은 그런 쾌락들에 지배당하기 때문에 다른 종류의 쾌락들을 삼가고 있어. 무절제가 쾌락에 지배당하는 상태로 정의되므로, 그들은 다른 쾌락에 지배당하고 있기 때문에 일부 쾌락을 거부하고 있다고 할 수 있네. 그것이 내가 그 사람들이 무절제를 통해 절제한다고 말할 때 뜻한 바였다네.

심미아스: 옳은 말씀인 것 같습니다.

소크라테스: 그럼에도 어떤 두려움이나 쾌락이나 고통을 또 다른 두려움이나 쾌락이나 고통과 바꾸는 것은, 말하자면 화폐로 환산하듯 보다 큰 것과 보다 작은 것을 바꾸는 것은 올바른 교환이 아니라네. 절대로. 사랑하는 심미아스야, 이 모든 것들과 교환해야 하는 진정한 화폐가 딱 한 가지 있지 않은가? 바로 지혜야. 지혜와 교환되고 지혜를 수반하는 때에만, 어떤 것이든, 용기든, 자제든, 정의든, 진정으로 사고 팔릴 수 있다네. 그리고 모든 진정한 미덕은 지혜의 동반자가 아닌가? 그 미덕에 어떤 두려움이나 쾌락 또는 그런 것들과 비슷한 다른 선과 악이 수반되는지 여부와 상관없이 말이네. 그러나 이런 선한 것들로 이뤄진 미덕이 지혜와 단절된 상태에서 서로 교환될 때, 그 미덕은 미덕의 그림자에 불과하며, 그런 미덕에는 자유도 없고 건전성도 없고 진리도 없어. 진정한 교환에서는 두려움이나 쾌락이나 고통을 제거하는 정화(淨化) 작업이 벌어지며, 자제와 정의와 용기와 지혜는 그 자체로 일종의 정화라네.

신비 의식들의 창설자들은 절대로 평범한 사람이 아니며, 실제로 그 창설자들은 오래 전에 수수께끼 같은 언어로, 어떤 진정한 뜻을 품었던 것처럼 보이네. 그 창설자들은 도형을 통해서, 신비 의식에 입교하지 않아 정화되지 않은 상태로 저승으로 들어가는 자는 진구렁에서 살게 되고 입교하여 정화된 상태로 저승으로 가는 자는 신들과 함께 거주하게 될 것이라는 점을 암시했어. 그들이 신비 의식에서 이렇게 말하고 있으니 말이네.

티르소스(thyrsus)[72]를 들고 다니는 사람들은 다수이고,

신비주의자는 극소수이니라.

　내가 이 부분을 해석하는 바와 같이, 신비주의자는 진정한 철학자를 의미하네. 나도 진정한 철학자들의 반열에 오르기 위해 평생에 걸쳐 열심히 노력해 왔다네. 그 길을 옳은 방향으로 추구했는지, 또 그 일에 성공을 거두었는지 여부는 내가 저승에 도달하는 즉시 밝혀지게 된다는 것이 나의 믿음이야. 심미아스야, 그리고 케베스야, 지금까지 한 말은 내가 자네들과 이 세상의 나의 스승들과 이별하면서도 슬퍼하거나 불평하지 않는다고 나무라는 사람들에게 들려주는 대답이라네.

　내가 불평하지 않는 것은 옳은 일이야. 저승에서도 마찬가지로 훌륭한 스승들과 친구들을 발견할 것이라고 굳게 믿고 있기 때문이야. 그러나 모든 인간이 다 이런 믿음을 가질 수 있는 것은 아니지. 만약 나의 말이 아테네의 재판관들보다 자네들에게 제대로 받아들여진다면, 그건 틀림없이 대단히 기뻐할 일일 걸세.

　케베스: 소크라테스 선생님, 말씀하신 내용 대부분에 동의합니다. 그러나 사람들은 영혼에 관한 것에 대해서는 쉽게 믿으려 하지 않습니다. 영혼이 육체를 떠날 때 영혼이 차지할 자리가 어디에도 없을 것이라고 두려워하지요. 영혼은 죽음이 찾아오는 바로 그날 파괴되어 사라지는 것으로 여겨집니다. 육체에서 놓여나는 즉시, 영혼

72　주신 디오니소스와 그 시종들이 들고 다닌 지팡이를 일컫는다.

은 연기나 공기처럼 무(無)로 사라지고 말 것이라는 인식이 아주 강합니다.

선생님, 만약 영혼이 육체의 악들로부터 놓여난 뒤에 하나로 단단히 결합하면서 그 자체로 온전히 남을 수만 있다면, 선생님께서 하신 말씀이 진리라고 볼 근거가 충분합니다. 그러나 사람은 죽어도 그 사람의 영혼은 계속 존재하며 지능을 갖고 있다는 것을 증명하기 위해서는 더 많은 설득과 주장이 필요합니다.

소크라테스: 케베스, 맞는 말이야. 그런 것들의 가능성에 대해 조금 이야기를 나누도록 할까?

케베스: 그런 것들에 대한 선생님의 의견은 당연히 알고 싶지요.

소크라테스: 지금 나의 말을 들은 사람들 중 어느 누구도, 심지어 그 사람이 나의 오랜 적인 그 희극 시인일지라도, 내가 지금 전혀 관심을 두지 않은 일을 놓고 한가로이 토론을 벌이고 있다고 나무라지는 못할 걸세. 그러니 이제 그 문제를 탐구하도록 하세.

인간들이 죽은 뒤에 그들의 영혼이 저승에 있는지 여부는 이런 식으로 논할 수 있는 문제라네. 우리가 기억하는 오래된 한 견해는 인간의 영혼들이 이 세상에서 저승으로 갔다가 다시 이곳으로 돌아와서 죽은 상태로부터 다시 태어난다고 단언하고 있어. 만약 이 말이 진리이고, 살아 있는 것이 죽은 것에서 비롯된다면, 우리의 영혼은 저승에 있을 것임에 틀림없어. 그렇지 않다면 그 영혼이 어떻게 다시 태어날 수 있겠는가? 만약 살아 있는 것은 오직 죽은 것으로부터만 태어난다는 것을 뒷받침할 진짜 증거가 있다면, 그 말은 곧 결론이나 다름없어. 그러나 만약 그 견해를 뒷받침할 증거가 전혀 없다면, 다른 논거가 필요할 걸세.

케베스: 참으로 옳은 말씀입니다.

소크라테스: 그러면 이제는 이 문제를, 인간과 관련해서만 아니라 전반적으로 동물들과 식물들, 생식을 하는 모든 것들과 관련해서 살펴보도록 하세. 그러면 증명이 더 쉬워질 테니까. 정반대의 것을 두고 있는 모든 것은 반대인 바로 그것으로부터 발생하지 않는가? 상반된 것이란 선과 악, 정의와 부정(不正) 같은 것을 뜻하며, 반대인 것에서 생겨나는 상반된 것들은 이 외에도 무수히 많아.

상반된 것들은 반대인 것에서 생겨난다는 이 원리가 모든 상반된 것들에게 보편적으로 유효하다는 점을 보여주고 싶네. 예를 들면, 더욱 커진 무엇인가는 작은 상태를 거쳐 더 커졌음에 틀림없다는 뜻이라네.

케베스: 옳은 말씀입니다.

소크라테스: 그리고 만약에 더 작은 것이 있다면, 그것은 그 전에 컸기 때문에 작아지게 되지 않았는가?

케베스: 그렇습니다.

소크라테스: 그리고 약한 것은 강한 것에서 생겨나고, 민첩한 것은 느린 것에서 생겨나네.

케베스: 정말 그렇습니다.

소크라테스: 이건 또 어떤가? 나쁜 것은 좋은 것에서 생겨나고, 정의로운 것은 부당한 것에서 생겨나지 않는가?

케베스: 당연한 말씀입니다.

소크라테스: 이제 이것을 충분히 이해했는가? 모든 상반된 것들

은 이런 식으로 생겨난다는 것을, 말하자면 반대인 것에서 생겨난다는 것을 이해할 수 있는가?

케베스: 물론입니다.

소크라테스: 이런 질문은 어떤가? 만물의 이런 보편적인 대립 속에, 2개의 중간 과정이 영원히 전개되고 있지 않는가? 이쪽에서 저쪽으로 진행하고, 거꾸로 저쪽에서 이쪽으로 진행하고 있는 과정 말이네. 그리고 큰 것과 작은 것이 있는 곳에는, 증가와 감소의 중간 과정이 있고, 증가하는 것은 차는 것으로 여겨지고, 쇠퇴하는 것은 기우는 것으로 여겨지지 않는가?

케베스: 그렇습니다.

소크라테스: 이 외에도 분리와 합성, 냉각과 가열 등 비슷한 과정이 많아. 이 과정들도 똑같이 서로의 상태로 변화하고 또 서로의 상태로부터 나오고 있어. 비록 언제나 말로 표현되지는 않을지라도, 이것도 모든 상반된 것들에게 그대로 적용되지. 상반된 것들은 서로로부터 생겨나고, 상반된 것들이 한쪽에서 다른 한쪽으로 넘어가는 과정이 있지 않는가?

케베스: 옳은 말씀입니다.

소크라테스: 그렇다면, 수면이 깨어 있는 상태의 반대이듯이, 삶의 반대도 있지 않을까?

케베스: 당연히 있지요.

소크라테스: 무엇인가?

케베스: 죽음입니다.

소크라테스: 삶과 죽음이 상반된 것이라면, 그 중 하나는 다른 하

나로부터 생겨나고, 거기에 두 개의 중간 과정이 있는가?

케베스: 당연한 말씀입니다.

소크라테스: 자, 이제는 자네들에게 언급한 두 짝의 상반된 것들 중 한 짝과 그것의 중간 과정을 분석해 보겠네. 그리고 나면 자네가 다른 한 짝을 나에게 분석해 보여 주면 좋겠네. 수면 상태는 깨어 있는 상태의 반대이며, 깨어 있는 상태는 수면 상태에서 생겨나고, 수면 상태는 깨어 있는 상태에서 생겨나지. 중간의 생성 과정은 깨어 있는 상태의 경우에 잠 드는 것이고, 수면 상태의 경우에 깨어나는 것이라네. 자네는 이 말에 동의하는가?

케베스: 예, 동의합니다.

소크라테스: 그러면 자네가 삶과 죽음을 똑같은 방식으로 나에게 분석해 보인다고 가정해 보게. 죽음은 삶의 반대가 아닌가?

케베스: 맞습니다.

소크라테스: 그리고 삶과 죽음도 마찬가지로 어느 하나가 다른 하나에서 생겨나는가?

케베스: 그렇습니다.

소크라테스: 삶에서 무엇이 생겨나는가?

케베스: 죽음이지요.

소크라테스: 그리고 죽음에서 무엇이 생겨나는가?

케베스: 삶이지요.

소크라테스: 그렇다면, 케베스야, 상황이든 사람이든 살아 있는 것은 죽은 것에서 생겨난다는 말인가?

케베스: 틀림없습니다.

소크라테스: 그러면 우리의 영혼이 저승에 있다는 추론도 가능하겠군.

케베스: 옳은 말씀입니다.

소크라테스: 그리고 두 가지 생성 과정 중 하나는 눈에 보이네. 죽는 행위는 틀림없이 눈으로 볼 수 있지 않은가?

케베스: 틀림없습니다.

소크라테스: 그렇다면 다른 한 과정은 한쪽 다리만으로는 계속 나아가지 못하는 자연을 보완하는 것으로 여겨질 수 있지 않은가? 죽어가는 과정과 정반대의 어떤 과정을 자연으로 돌릴 필요가 있지 않은가?

케베스: 분명히 그렇습니다.

소크라테스: 그 과정은 무엇인가?

케베스: 재생이지요.

소크라테스: 만약 재생이 있다면, 그것은 죽은 사람이 살아 있는 것들의 세계로 태어나는 것인가?

케베스: 그렇습니다.

소크라테스: 그렇다면, 산 것은 죽은 것에서 온다고 추론할 수 있는 새로운 길이 있다는 뜻이로군. 죽은 것이 산 것에서 오듯이. 만약 이것이 진리라면, 죽은 자들의 영혼은 다시 나올 수 있는 어딘가에 있는 것이 분명해. 그리고 이것은, 내가 생각하듯이, 만족스럽게 입증되었다네.

케베스: 그렇습니다, 소크라테스 선생님. 이 모든 것은 이전에 우리가 인정한 것들로부터 당연히 나오는 것 같습니다.

소크라테스: 케베스야, 이전의 모든 인정들이 옳다는 것은 이런 식으로도 보여줄 수 있을 것 같네. 만약 생성이 직선적으로만 일어난다면, 자연 속에 보상이나 순환은 있을 수 없으며, 하나가 다른 하나로 변하고 다시 다른 하나에서 하나로 돌아가는 일은 있을 수 없지. 그렇게 되면 자네는 만물이 마침내 언제나 동일한 형태를 갖고 동일한 상태로 남게 될 것이라는 점을 알고 있어. 그러면 더 이상 만물의 생성은 없을 것이네.

케베스: 무슨 말씀이십니까?

소크라테스: 아주 간단한 문제야. 수면 상태를 예로 들며 쉽게 설명해 보겠네. 자네도 알다시피, 수면 상태와 깨어 있는 상태 사이에 상호 보완적인 관계가 전혀 없다면, 잠자는 엔디미온(Endymion)[73]의 이야기는 최종적으로 전혀 아무런 의미를 지니지 못할 거야. 왜냐하면 다른 것들도 모두 똑같이 잠을 자게 될 것이고, 엔디미온이 나머지와 구별되지 않을 것이기 때문이네.

혹은 물질들의 합성만 있고 분리가 전혀 없다면, 아낙사고라스의 카오스가 다시 오게 될 거야. 그리고 사랑하는 케베스야, 만약 삶에 참여하는 모든 것들이 죽게 되어 있고, 그것들이 죽은 뒤에 죽음의 형태로 남고 다시 삶으로 오지 않는다면, 모든 것은 최종적으로 다 죽을 것이고, 그러면 살아 있는 것은 아무것도 없게 되겠지. 이런 결과가 아닌 다른 것이 가능할까? 만약 살아 있는 것이 죽지 않은 다른

---

73 그리스 신화에 소아시아의 아름다운 목동이나 사냥꾼, 드물게 올림피아를 통치한 왕으로 등장한다. 그의 잠자는 모습이 너무나 아름다웠기 때문에 달의 여신 셀레네가 아버지 제우스에게 그에게 영원한 생명을 주도록 부탁했다. 이에 제우스는 엔디미온을 셀레네가 좋아하는 모습 그대로 영원히 잠자게 만들었다고 한다.

것으로부터 야기되는데, 그것들이 죽는다면, 만물은 최종적으로 죽음에게 삼켜지고 말지 않겠는가?

케베스: 소크라테스 선생님, 거기서 벗어날 길은 절대로 없습니다. 선생님의 말씀이 전적으로 진리라고 생각합니다.

소크라테스: 케베스야, 나도 그렇게 생각해. 우리가 지금 공허한 상상의 세계를 걷고 있는 것이 아니거든. 그러나 나는 다시 사는 것이 정말로 가능하고, 살아 있는 것이 죽은 것에서 비롯되고, 죽은 자들의 영혼이 존재하고, 선한 영혼은 사악한 영혼보다 더 나은 운명을 맞는다고 굳게 믿고 있다네.

케베스: 소크라테스 선생님, 선생님께서 좋아하시는 이론, 즉 지식은 단순히 상기(想起)에 지나지 않는다는 이론이 진리라면, 그것은 당연히 우리가 지금 상기하고 있는 것을 배운 그 전의 어느 시점을 암시합니다. 그러나 우리의 영혼이 인간의 형태로 존재하기 전에 어딘가에 있지 않다면, 그 이론은 불가능할 것입니다. 그렇다면 여기서 영혼의 불멸성이라는 또 다른 주장이 제기됩니다.

이 대목에서, 심미아스가 불쑥 끼어들더군요.

심미아스: 케베스, 이 상기 이론을 뒷받침하는 증거로 어떤 것이 있는지 말해주겠소? 내가 지금 그 증거들을 기억하고 있다는 확신이 서지 않아서 그러는데.

케베스: 두드러진 한 가지 증거는 질문들에 의해 드러나지요. 만약 당신이 어떤 사람에게 적절한 방식으로 질문을 제기한다면, 그 사

람은 스스로 진정한 대답을 내놓을 것입니다. 만약 그 사람의 안에 이미 지식과 올바른 이성이 갖춰져 있지 않다면, 어떻게 그가 진정한 대답을 제시할 수 있겠습니까? 이 점은 그 사람에게 기하학적 도형이나 그런 종류의 비슷한 것을 보여줄 때 가장 분명하게 드러나지요.

소크라테스: 심미아스야, 자네가 이 말에도 그다지 납득하지 않는 것 같으니, 자네한테 그 문제를 이런 식으로 고려할 때에도 나의 견해에 동의하지 않는지 묻고 싶네. 자네는 우리가 배움이라고 부르는 것이 상기라는 점을 실제로 의심하는가?

심미아스: 의심하는 것이 아니라, 상기 이론을 저의 기억 속에 다시 정확히 담아 두기를 원하기 때문입니다. 케베스가 한 말을 바탕으로, 저는 상기하며 이해하기 시작했습니다만, 여전히 선생님께서 추가로 하실 말씀을 듣고 싶습니다.

소크라테스: 내가 하고 싶은 말은 이거야. 내가 잘못 판단하지 않았다면, 어떤 사람이 상기하는 것은 그 사람이 그 전의 어느 때에 알게 된 것이 틀림없다는 말에 우리 모두가 동의해야 한다는 것이네.

심미아스: 옳은 말씀입니다.

소크라테스: 그리고 이 상기의 본질은 무엇인가? 이 질문을 던지면서 내가 알고자 하는 것은 이것이라네. 어떤 사람이 이미 무엇이든 보았거나 들었거나 어떤 식으로든 지각했을 때, 그리고 그 사람이 그것뿐만 아니라 그것과 다른 지식에 속하는 무엇인가에 대해 생각하게 될 때, 그 사람이 그 생각을 상기하고 있다고 말해도 무방한지 묻고 있다네. 자네는 거기에 동의하는가?

심미아스: 무슨 뜻인지요?

소크라테스: 예를 들며 설명하겠네. 수금(竪琴)에 관한 지식과 어떤 사람에 대한 지식은 서로 다르겠지?

심미아스: 그렇습니다.

소크라테스: 어느 연인이 사랑하는 사람이 즐겼던 수금이나 옷, 또는 다른 것을 알아보게 될 때, 그 연인의 감정은 어떻겠는가? 그 수금에 대해 아는 것을 바탕으로, 그 연인은 수금을 즐겼던 젊은 시절의 어떤 이미지를 마음의 눈으로 떠올리지 않겠는가? 이것이 상기이며, 마찬가지로 심미아스를 보는 어떤 사람은 케베스를 기억할 수도 있겠지. 그런 종류의 예들은 무수히 많아.

심미아스: 정말 끝이 없지요.

소크라테스: 이런 종류의 일이 상기이고, 그것은 대개 세월과 무관심 속에 잊힌 것을 회복시키는 과정이라네.

심미아스: 참으로 옳은 말씀입니다.

소크라테스: 자네는 또 말(馬)이나 수금을 그린 그림을 보고 어떤 사람을 기억해 내고, 심미아스를 그린 그림을 보고 케베스를 기억해 낼 수 있지 않은가?

심미아스: 맞는 말씀입니다.

소크라테스: 그 그림이 심미아스 본인을 떠올리게도 하겠지?

심미아스: 옳은 말씀입니다.

소크라테스: 이 모든 예들에서, 상기는 닮은 것뿐만 아니라 닮지 않은 것에서도 비롯될 수 있다네.

심미아스: 그렇습니다.

소크라테스: 그리고 상기가 비슷한 것들로부터 비롯될 때, 그때는

상기되고 있는 것의 유사성에 불완전한 구석이 있는지를 묻는 질문이 제기될 걸세.

심미아스: 당연합니다.

소크라테스: 그러면 여기서 한 걸음 더 나아가, 동일(同一) 같은 것이 있다고, 나무와 나무가, 돌과 돌이 동일하다는 그런 차원이 아니라 추상적인 차원의 동일이 있다고 단언할 수 있는가? 그렇게 단언해도 괜찮은가?

심미아스: 예, 단언할 수 있습니다. 모든 것을 걸고 단언합니다.

소크라테스: 우리는 이 추상적인 실체의 본질을 아는가?

심미아스: 물론입니다.

소크라테스: 이 지식을 어디서 얻는가? 통나무 조각이나 돌 같은 물질적인 것들이 동일한 것을 보고 거기서 그런 동일성과 성격이 다른 동일이라는 이데아[74]를 얻지 않는가? 자네는 이 점을 인정하는가? 혹은 그 문제를 다시 이런 식으로 보도록 하세. 통나무나 돌의 같은 조각들이 어떤 때는 동일해 보이고 어떤 때는 동일해 보이지 않지 않는가?

심미아스: 틀림없이 그렇습니다.

소크라테스: 그러나 정말로 동일한 것들이 동일하지 않은 적이 있는가? 혹은 동일이라는 이데아가 비(非)동일이라는 이데아였던

---

74 플라톤 철학에 따르면, 이데아는 시간과 공간을 초월하여 진정으로 존재하는 것을 말한다. 이 세상에 존재하는 것은 모두 이 이데아를 본뜬 것이다. '관념'을 뜻하는 영어 'idea'의 어원이 '이데아'(idea)이지만, 관념은 우리의 마음속에 존재하는 것을 가리키는 반면에 '이데아'는 인간의 인식과 무관하게 시공을 초월해 존재하는 것을 뜻한다.

적이 있는가?

심미아스: 선생님, 그런 예는 없었습니다.

소크라테스: 그렇다면 이들 (소위) 동일한 사물들과 동일 이데아는 같지 않지?

심미아스: 소크라테스 선생님, 같지 않습니다.

소크라테스: 그럼에도 이들 동일한 사물들로부터, 비록 그것들이 동일 이데아와 같지 않을지라도, 자네들은 동일이라는 이데아를 생각해 내고 이해하게 되지 않았는가?

심미아스: 맞는 말씀입니다.

소크라테스: 동일 이데아는 동일한 사물들과 비슷할 수도 있고 다를 수도 있는가?

심미아스: 예, 그렇습니다.

소크라테스: 그렇더라도 달라질 것은 아무것도 없네. 자네가 어떤 것을 보면서 그것과 비슷하거나 다른 무엇인가를 떠올릴 때마다, 거기에는 틀림없이 상기 행위가 일어나지 않는가?

심미아스: 참으로 옳은 말씀입니다.

소크라테스: 그러나 자네는 나무와 돌의 동일한 부분들이나 물질적으로 동일한 다양한 사물들에 대해서는 어떻게 설명할 것인가? 그런 동일한 것들은 어떤 인상을 남기는가? 그것들은 절대 동일과 똑같은 의미에서 동일한가? 아니면 절대 동일에는 다소 못 미치는가?

심미아스: 네, 많이 부족합니다.

소크라테스: 이제 우리는 이 점을 인정해야 하지 않겠나? 무엇인가 하면, 나 또는 다른 누군가가 어떤 대상을 보면서 그 대상이 다른

어떤 것이 되려는 목표를 잡고 있지만 거기에는 절대로 이르지 못한다고 판단할 때, 이 같은 관찰을 제시하는 사람은 그 대상이 목표로 잡고 있는 것에 대한 지식을 사전에 갖고 있음에 틀림없다는 점을 말이네. 이 사람이 그 대상이 스스로 목표로 잡고 있는 것과 비슷할지라도 여전히 그 목표에 비해 열등하다는 것을 알고 있으니 말이네.

심미아스: 당연히 인정해야 합니다.

소크라테스: 동일한 사물들과 절대 동일이라는 문제도 이와 비슷하지 않은가?

심미아스: 아주 똑같습니다.

소크라테스: 그렇다면 우리는 물질적으로 동일한 것들을 보고 겉으로 동일한 모든 것들이 절대 동일을 목표로 잡고 있지만 거기에 미치지 못하고 있다는 생각을 떠올리기 전에, 이미 절대 동일에 대해 알고 있었던 게 틀림없어.

심미아스: 그게 사실입니다.

소크라테스: 우리는 또한 이 절대 동일이 시각이나 촉각, 또는 그 외의 다른 감각을 통해서만 알려져 왔고, 또 알려질 수 있다는 점을 인정해야 하네. 나는 그런 개념들 모두에 대해 똑같이 그런 식으로 단언하네.

심미아스: 선생님, 논증에 관한 한, 그 개념들 중 어느 하나는 나머지 다른 것들과 똑같기 때문입니다.

소크라테스: 그렇다면 감각들로부터, 지각 가능한 모든 것이 결코 이르지 못할 어떤 동일 개념을 목표로 잡고 있다는 지식이 비롯되는 것이 아닌가? 그게 사실이지 않은가?

심미아스: 맞습니다.

소크라테스: 그렇다면 우리는 보거나 듣거나 어떤 식으로든 지각하기 전에 절대 동일에 관한 지식을 갖고 있었음에 틀림없어. 그렇지 않다면, 우리가 지각 가능한 모든 것이 갈망하면서도 이르지 못하고 있는 그 기준에 대해 언급할 수 없지 않겠는가?

심미아스: 소크라테스 선생님, 이전의 진술들로부터 그 외의 다른 추론은 불가능합니다.

소크라테스: 그리고 우리는 태어나자마자 보고, 듣고, 다양한 감각들을 습득하지 않았는가?

심미아스: 물론입니다.

소크라테스: 그렇다면, 우리는 이 일이 있기 전에 어느 때엔가 이상적인 동일에 관한 지식을 획득한 것이 분명해.

심미아스: 그렇습니다.

소크라테스: 말하자면, 우리가 세상에 태어나기 전이 아닐까?

심미아스: 맞습니다.

소크라테스: 만약 우리가 세상에 태어나기 전에 이 지식을 습득하고, 그 지식을 가진 상태에서 태어난다면, 우리는 또한 태어나기 전은 물론이고 태어난 직후에도 동일하거나 더 크거나 더 작은 것뿐만 아니라, 다른 모든 이데아들도 알고 있었다고 할 수 있어. 우리가 지금 동일에 대해서만 말하는 것이 아니라, 미(美)와 선(善), 정의, 고결을 비롯해, 우리가 질문을 던지고 답할 때, 그러니까 변증 과정에 핵심적인 요소로 꼽히는 모든 것들에 대해 논하고 있으니 말이네. 이 모든 것을 근거로, 우리는 출생 전에 그 지식을 획득했다고 단언할

수 있지 않는가?

심미아스: 옳은 말씀입니다.

소크라테스: 만약에 획득한 뒤에 우리가 획득한 것을 망각하지 않는다면, 그런 우리는 그 지식을 가진 상태에서 세상에 태어난 것이 틀림없고, 생명이 이어지는 한 언제나 그 지식을 알고 있을 걸세. 아는 것이 곧 지식을 습득하여 보유하고 망각하지 않는 것이니 말이네. 심미아스야, 망각은 곧 지식의 상실이나 다름없지 않는가?

심미아스: 소크라테스 선생님, 맞는 말씀입니다.

소크라테스: 우리가 출생 전에 획득한 지식을 출생할 때 잃었다가 훗날 감각들을 활용해 그것을 회복한다면, 우리가 배움이라고 부르는 것은 우리의 지식을 복구하는 과정이 아닌가? 이 과정은 적절히 상기라고 불릴 수 있지 않는가?

심미아스: 옳은 말씀입니다.

소크라테스: 우리가 시각이나 청각 또는 다른 감각의 도움으로 무엇인가를 지각했을 때, 그것으로부터 비슷하거나 비슷하지 않은 다른 것, 말하자면 망각되었지만 그것과 연결되는 어떤 것을 떠올리는 것은 절대로 어려운 일이 아니야. 따라서 내가 말한 바와 같이, 논리적으로 두 가지 중 하나가 가능해. 우리가 이 지식을 갖고 태어난 뒤로 평생 동안 그것을 알고 있든지, 아니면 출생한 뒤에, 공부한다는 사람들이 단지 기억해낼 뿐이며, 따라서 배움이 상기에 지나지 않든지, 둘 중 하나라는 말이네.

심미아스: 소크라테스 선생님, 옳은 말씀입니다.

소크라테스: 심미아스야, 자네는 어느 쪽에 더 끌리는가? 우리가

출생할 때 이미 지식을 갖고 있었다는 쪽인가, 아니면 우리가 출생 전에 알았던 것을 훗날 기억해 낸다는 쪽인가?

심미아스: 지금으로서는 결정을 내리지 못하겠습니다.

소크라테스: 어쨌든 자네는 지식을 가진 사람이 그것을 갖게 된 원인을 제시할 수 있어야 한다든지, 그럴 수 없다든지 둘 중 하나를 결정할 수는 있을 걸세.

심미아스: 당연히 원인을 제시할 수 있어야 하지요.

소크라테스: 그러나 자네는 모든 사람이 지금 우리가 논하고 있는 문제들에 대해 원인을 제시할 수 있다고 생각하는가?

심미아스: 소크라테스 선생님, 저는 그들이 그렇게 할 수 있기를 바라지만, 내일 이맘때쯤이면 가치 있는 원인을 제시할 수 있는 사람이 한 사람도 없게 되는 것은 아닌지, 정말 걱정됩니다.

소크라테스: 심미아스야, 그렇다면 자네는 모든 인간들이 이런 것들을 알고 있다는 의견에 동의하지 않는 것이로군?

심미아스: 당연히 동의하지 않지요.

소크라테스: 그러면 그들이 이전에 배운 것을 상기하고 있는가?

심미아스: 틀림없이 그럴 것입니다.

소크라테스: 우리의 영혼들은 이 지식을 언제 획득했는가? 틀림없이, 우리가 인간으로 태어난 뒤의 일은 아니야.

심미아스: 물론 아닙니다.

소크라테스: 그렇다면 태어나기 전에?

심미아스: 그렇습니다.

소크라테스: 심미아스야, 그런 생각이라면, 우리의 영혼은 인간의

형태 안에 있기 전에 이미 확실히 존재하고 있었다는 뜻이네. 우리의 영혼은 육체가 없는 상태에서도 지성을 갖고 있었음에 틀림없어.

심미아스: 소크라테스 선생님, 만약 선생님께서 이 개념들이 출생의 순간에 우리에게 주어진다고 가정하지 않으신다면 그렇습니다. 출생의 순간이 그런 일이 일어날 수 있는 유일한 시간이기 때문이지요.

소크라테스: 친구야, 그렇긴 하지만 우리가 언제 그 개념들을 잃었지? 우리가 태어날 때 그 개념들이 우리 안에 없으니 말이네. 그 점은 인정받고 있어. 우리가 그 개념들을 받는 순간에 잃었나, 아니면 다른 때에 잃었나?

심미아스: 아닙니다, 소크라테스 선생님. 저도 모르게 허튼소리를 한 것 같습니다.

소크라테스: 심미아스야, 우리가 늘 반복하고 있듯이, 만약 절대 미(美)와 절대 선(善)과 본질 같은 것이 있다면, 그리고 지금 우리라는 존재가 있기 이전의 조건으로 확인되고 있는 이 본질을 우리의 모든 감각들이 비교의 기준으로 삼는다면, 우리의 영혼은 그 전에 존재했음에 틀림없어. 그렇지 않다면, 우리의 논의는 전혀 아무런 힘을 발휘하지 못하지 않겠는가?

만약 절대적인 이 이데아들이 우리가 태어나기 전에 존재했다면, 우리의 영혼도 우리가 태어나기 전에 존재했던 것이 분명하고, 만약 절대적인 이데아들이 우리가 태어나기 전에 존재하지 않았다면, 영혼도 마찬가지로 우리가 태어나기 전에 존재하지 않았네.

심미아스: 선생님, 맞습니다. 영혼도 우리가 출생하기 전에 존재

해야 하고, 선생님께서 말씀하시는 본질도 우리가 출생하기 전에 존재해야 한다고 저는 확신합니다. 그러면 그 논증은 저의 생각과 아주 잘 맞아떨어지는 결말에 이르게 됩니다. 저의 마음에는 선생님께서 지금 설명하고 계시는 그 절대 미(美)와 절대 선(善)을 비롯한 다양한 개념들만큼 명백하게 다가오거나 매우 실질적이고 절대적인 존재를 갖는 것은 아무것도 없습니다. 저는 그 증명에 만족합니다.

소크라테스: 케베스도 똑같이 만족하는가? 나로서는 그도 똑같이 설득시켜야 하기 때문이네.

심미아스: 케베스도 만족하리라 생각합니다. 지독히 의심이 많은 친구이긴 하지만 말입니다. 그래도 저는 그도 영혼이 우리가 출생하기 전에 존재한다고 확신할 것이라고 믿습니다. 그러나 사람이 죽은 뒤에도 영혼이 계속 존재할 것이라는 점은 아직 만족스럽게 증명되지 않았습니다. 저는 케베스가 많은 사람들이 느낀다고 언급한 기분을 아직 제거하지 못하고 있습니다. 인간이 죽을 때 영혼이 흩어질 수 있고, 그것이 영혼의 끝이라는 느낌 말입니다. 영혼이 다른 곳에서 발생하고 생겨날 수 있고 또 인간의 육체 속으로 들어가기 전에 존재할 수 있다는 점을 인정하더라도, 영혼이 인간의 몸에 들어갔다가 나온 뒤에도 파괴되어 종말을 맞지 않는 이유는 무엇입니까?

케베스: 심미아스, 옳은 말입니다. 우리의 영혼이 우리가 태어나기 전에도 존재했다는 것은 그 주장의 전반부였고, 이것은 증명된 것 같습니다. 그러나 영혼이 우리가 출생하기 전만 아니라, 죽은 뒤에도 존재한다는 주장은 아직 증명이 필요한 후반부이지요.

소크라테스: 그 증거는 이미 제시되었네. 심미아스야, 그리고 케

베스야, 자네들이 두 가지 논증을 서로 결합시키면 해결되는 문제라네. 이 논증과, 그 앞의 논증, 즉 우리가 살아 있는 모든 것은 죽은 것에서 태어난다는 것을 밝힌 그 논증 말이네. 만약 영혼이 우리가 출생하기 전에 이미 존재했고, 그 영혼이 생명력을 띠며 태어나면서 오직 죽음과 죽어 가고 있는 것으로부터만 태어날 수 있다면, 영혼은 육체의 죽음 뒤에도 계속 존재해야 하는 것이 아닌가? 자네들이 원하는 증거는 이미 틀림없이 제시되었어. 그래도 자네와 심미아스는 이 논의를 더 끌고 가기를 바라는 것 같군.

어린아이처럼, 자네들은 어떤 두려움에 사로잡혀 있어. 영혼이 육체를 떠날 때, 바람이 정말로 영혼을 이리저리 날려 보내고 흩어버릴 것이라는 두려움 말이네. 특히 어떤 사람이 폭풍의 계절에 죽거나 하늘이 맑지 않은 때에 죽게 되면, 그런 두려움은 더욱 커질 것이네.

케베스: (미소를 지으며) 소크라테스 선생님, 그렇다면 선생님께서 저희를 설득시켜 그 두려움을 몰아내셔야 합니다. 그래도 엄밀히 말하면, 그것들은 저희의 두려움이 아닙니다. 저희 안에 어린애 같은 존재가 있는데, 이 아이에게는 죽음이 도깨비 같이 보이지요. 저희는 이 아이가 어둠 속에 홀로 있을 때에도 두려워하지 않도록 설득시켜야 합니다.

소크라테스: 자네들이 마법으로 그 도깨비를 몰아낼 때까지 매일 마법사의 목소리를 내도록 하게.

케베스: 소크라테스 선생님, 선생님께서 가시고 나면 남겨진 저희는 두려움을 몰아낼 훌륭한 마법사를 어디서 발견할 수 있습니까?

소크라테스: 케베스야, 헬라스[75]는 아주 넓은 곳이고, 훌륭한 사람들이 아주 많은 곳이라네. 이민족들도 꽤 있어. 그들 중에서, 수고도 아끼지 말고 돈도 아끼지 말고 먼 곳까지 널리 뒤져서 그런 마법사를 찾도록 하게. 돈을 쓰는 방법으로 그것보다 더 나은 길은 없을 것이네. 아울러 자네들 사이에서 그런 존재를 찾는 것도 잊지 않도록 하게. 그런 사람이 다른 곳에서 발견되기 어려울 테니 하는 말이네.

케베스: 틀림없이, 그런 존재를 찾는 노력이 전개될 것입니다. 잠시 옆길로 빠졌는데, 괜찮으시다면 본론으로 다시 돌아가도록 하시지요.

소크라테스: 당연하지. 달리 내가 뭘 바라겠는가?

케베스: 알겠습니다.

소크라테스: 우리 스스로에게 이런 질문을 던져야 하지 않겠나? 우리가 상상하는 바와 같이, 흩어지며 사라져 버릴까 두려워하는 그것은 정작 무엇이며, 우리가 전혀 두려워하지 않는 그것은 무엇인가? 그 다음에는 흩어져 분산되는 과정을 겪는 것이 영혼의 본질에 속하는지에 대해 물을 거야. 우리 자신의 영혼에 대해 희망을 품을 것인지 아니면 두려움을 느낄 것인지는 이 질문에 대한 대답에 좌우될 걸세.

케베스: 맞는 말씀입니다.

소크라테스: 복합물 또는 합성물은 합성되던 때와 마찬가지로 자연스럽게 분해되는 것으로 여겨질 수 있지만, 합성되지 않은 것은,

---

75 그리스의 옛 이름.

혹시 그런 것이 있을 수 있다면, 분해될 수 없을 걸세.

케베스: 옳은 말씀입니다. 저도 그렇게 상상합니다.

소크라테스: 그리고 합성물이 언제나 변화하고 결코 동일할 수 없다면, 합성되지 않은 것은 동일하고 변화하지 않는 것으로 여겨질 수 있지 않은가?

케베스: 그렇게 생각합니다.

소크라테스: 그러면 여기서 앞에서 논의했던 동일한 것들로 돌아가도록 하세. 변증 과정에 우리가 질문과 대답을 통해 그 존재에 대해 설명했던 이데아 또는 본질은, 동일의 본질이든 미(美)의 본질이든 그 외의 다른 무엇인가의 본질이든, 때때로 어느 정도의 변화에 노출되는가? 아니면 이 본질들 각각은 언제나 그 모습 그대로이고, 단순하고 독립적이고 불변하는 형태를 갖고 있으며, 언제든 또 어떤 식으로든 변형을 절대로 허용하지 않는가?

케베스: 선생님, 본질은 언제나 동일해야 합니다.

소크라테스: 자네들은 저 많은 아름다운 것들, 이를테면 동일하거나 아름답다고 불릴 수 있는 인간들이나 말(馬)들이나 옷들, 또는 그 외의 다른 것들에 대해 어떻게 말할 것인가? 그것들은 언제나 불변하고 동일한가, 아니면 꽤 변화하고 다른가? 오히려 그것들은 거의 언제나 변화하는 것으로, 그것들 자체뿐만 아니라 서로 간에도 거의 동일하지 않은 것으로 묘사될 수 있지 않은가?

케베스: 인간들이나 말들, 옷들은 언제나 변화하는 상태에 있습니다.

소크라테스: 이런 것들을 자네는 손으로 만지고 눈으로 보고 감

각으로 지각할 수 있지만, 변화하지 않는 것들은 오직 마음으로만 지각할 수 있을 뿐이네. 변화하지 않는 것들은 눈으로 볼 수도 없고 눈에 보이지도 않아.

케베스: 참으로 옳은 말씀입니다.

소크라테스: 그렇다면 이제는 두 가지 종류의 존재가 있다고 가정해 보세. 한 종류는 눈에 보이는 존재이고, 다른 한 종류는 눈에 보이지 않는 존재라네.

케베스: 그렇게 하겠습니다.

소크라테스: 더 나아가, 우리의 한 부분은 육체이고, 우리의 나머지는 영혼이 아닌가?

케베스: 틀림없습니다.

소크라테스: 육체는 어떤 종류의 존재와 더 비슷한가?

케베스: 눈에 보이는 종류에 속하지요. 누구도 그 점을 의심하지 못합니다.

소크라테스: 영혼은 보이는가, 보이지 않는가?

케베스: 선생님, 영혼은 인간에게 보이지 않습니다.

소크라테스: "보이는 것"과 "보이지 않는 것"이라는 표현을 우리는 인간의 눈에 보이거나 보이지 않는다는 뜻으로 쓰고 있는가?

케베스: 그렇습니다. 인간의 눈에 보이거나 보이지 않는다는 뜻입니다.

소크라테스: 영혼은 어떤가? 그것은 보이는가, 보이지 않는가?

케베스: 보이지 않습니다.

소크라테스: 보이지 않는다고?

케베스: 네, 그렇습니다.

소크라테스: 그렇다면 영혼은 보이지 않는 존재에 가깝고, 육체는 보이는 존재에 가까운가?

케베스: 선생님, 확실합니다.

소크라테스: 영혼이 육체를 지각의 도구로 이용할 때, 말하자면, 영혼이 시각이나 청각이나 다른 감각을 이용할 때(육체를 통한 지각이 감각을 통한 지각을 의미하니까), 영혼도 육체에 끌려 변화하는 것들의 영역으로 들어가서 방랑하고 혼란을 겪는다고, 또 세상은 영혼 주위를 돌고 영혼은 세상의 영향 때문에 술 취한 사람처럼 된다고, 우리가 오래 전에 말하지 않았던가?

케베스: 옳은 말씀입니다.

소크라테스: 그러나 영혼은 그 자체 속으로 온전히 되돌아갈 때 깊이 생각하고, 그러면 영혼은 동질성을 지닌, 순수와 영원, 불멸, 불변의 영역으로 들어간다네. 영혼은 홀로 있으면서 아무런 방해를 받지 않을 때에는 언제나 그런 것들과 더불어 산다네. 그러면 영혼은 정도(正道)를 벗어난 길을 걷지 않으며, 불변하는 것들과 교감하는 존재는 변화하지 않는 법이지. 그리고 영혼의 이런 상태가 지혜라 불리는가?

케베스: 선생님, 참으로 옳은 말씀입니다.

소크라테스: 앞의 논증뿐만 아니라 이 논증으로도 추론하면, 영혼은 어떤 종류와 더 가깝고 더 비슷한가?

케베스: 소크라테스 선생님, 그 논증을 따르는 모든 사람들의 의견에는 영혼이 변화하지 않는 것을 훨씬 더 많이 닮았을 것으로 생

각됩니다. 어리석기 짝이 없는 사람일지라도 그것까지 부정하지는 못할 것입니다.

소크라테스: 육체는 변화하는 것을 더 많이 닮았고?

케베스: 그렇습니다.

소크라테스: 그래도 그 문제를 이런 측면에서 한 번 더 고려하도록 하세. 영혼과 육체가 결합되어 있을 때, 그때 자연은 영혼에게 지배하고 통제하라고 명령하고, 육체에게는 복종하고 섬기라고 명령한다네. 그렇다면 이 두 가지 요소 중에서 어느 것이 신과 더 가깝고, 어느 것이 인간과 더 가까운가? 자네에게는 신성한 것이 당연히 명령하고 지배할 것처럼 보이고, 인간적인 것은 복종하고 섬길 것처럼 보이지 않는가?

케베스: 옳은 말씀입니다.

소크라테스: 영혼은 어느 것을 닮았는가?

케베스: 영혼은 신성한 존재를 닮았고, 육체는 죽을 운명을 타고난 존재를 닮았습니다. 소크라테스 선생님, 그 점에 대해선 의문이 있을 수 없습니다.

소크라테스: 케베스, 그렇다면 곰곰 생각해 보게. 전체 문제의 결론은 이렇지 않은가? 영혼은 신성하고, 불멸이고, 지성에 의해서 이해되고, 한결같고, 해체 불가능하고, 변화하지 않는 것을 많이 닮은 반면에, 육체는 인간적이고, 죽을 운명을 타고났고, 지성에 의해 쉽게 이해되지 않고, 형태가 다양하고, 해체 가능하고, 변화하는 것을 많이 닮았네. 사랑하는 케베스야, 이것을 부정할 수 있는가?

케베스: 절대로 부정하지 못합니다.

소크라테스: 그러나 만약 이것이 진리라면, 육체는 신속히 분해되고, 영혼은 거의 분해되지 않는 것이 아닌가?

케베스: 당연합니다.

소크라테스: 그리고 자네들은 추가로 이것을 관찰할 수 있나? 어떤 사람이 죽은 뒤에, 그 사람 중에서 눈에 보이고 골격을 갖춘 부분, 즉 시신이라 불리는 육체는 자연스럽게 분해되고 부패하여 흩어지게 되지만, 죽음을 맞을 당시에 체질이 건전하고 계절이 적절하다면, 부패가 당장 일어나지 않고 상당한 시간 동안 그대로 남는다는 사실 말이네. 이집트의 풍습에서 보듯, 육체는 수분을 빼고 방부 처리하는 경우에 거의 무한한 세월 동안 거의 온전히 남을 수 있고, 부패하는 육체이더라도 뼈와 인대처럼 실질적으로 파괴되지 않는 부분도 있다네. 자네도 인정하는가?

케베스: 예, 그렇습니다.

소크라테스: 눈에 보이지 않는 영혼이, 자신처럼 마찬가지로 눈에 보이지 않고, 순수하고, 고귀한 하데스[76]의 영역으로 넘어가면서, 신의 뜻이라면 나도 곧 그곳으로 갈 텐데, 선하고 현명한 그 신에게 가는 도중에, 만약 영혼의 본질과 기원이 그러하다면, 많은 사람들이 말하듯이, 그런 영혼이 육체를 떠나는 즉시 흩어지며 사라질 수 있겠는가?

사랑하는 심미아스야, 그리고 케베스야, 그런 일은 절대로 일어나지 않아. 오히려 진실은 순수한 영혼은 육체를 떠날 때 육체적 흔

---

76 망자의 나라 또는 그곳의 지배자를 일컫는다.

적을 절대로 끌고 가지 않는다는 것이네. 영혼은 언제나 육체를 피하며 자신 안으로 스스로를 충실히 모았으며, 영혼이 육체와 자발적으로 연결을 맺는 일은 절대로 없으니 말이네. 영혼은 그런 식으로 육체로부터 물러나는 것을 평생 공부의 대상으로 여겼네. 이것은 곧 영혼이 철학의 진정한 신봉자였으며, 쉽게 죽는 방법을 연습했다는 뜻이 아니라면 달리 무엇을 뜻하겠는가? 그리고 철학이 곧 죽음의 연습 아닌가?

케베스: 틀림없습니다.

소크라테스: 그 자체로 사람들의 눈에 보이지 않는 영혼은 눈에 보이지 않는 세계로, 신성하고 불멸이고 합리적인 곳으로 떠난다네. 그곳에 도착한 뒤, 영혼은 축복 속에 살며, 인간들의 오류와 어리석음으로부터, 인간들의 두려움과 격한 열정과 온갖 질병으로부터 풀려나서, 인간들이 신비 의식에 입교한 사람을 두고 말하듯이, 신들과 영원히 함께 거주한다네. 케베스, 이것이 진실이 아닌가?

케베스: 의심의 여지가 없습니다.

소크라테스: 그러나 오염된 영혼은 육체를 떠나는 시점에 순수하지 않으며, 언제나 육체의 동반자이자 하인이며, 육체를 사랑하고 있으며, 육체의 욕망과 쾌락에 매료된 상태에 있다네. 그러다 보니 그런 영혼은 진리가 오직 육체적인 형태로만, 말하자면 사람이 만지고, 보고, 맛보고, 정욕을 채우는 데 이용할 수 있는 형태로만 존재한다고 믿게 된다네. 그런데 그 지적 원리를, 그러니까 육체의 눈에 모호하고, 보이지 않고, 이성에 의해서만 알려지고 철학에 의해서만 이해될 수 있는 그런 원리를 증오하고 두려워하며 피하는 데 익숙한 영

혼이 육체를 떠나는 순간에 순수하고 완전할 것이라고 생각하는 것 자체가 도대체 가능하기나 한 일인가?

케베스: 불가능합니다.

소크라테스: 그런 영혼은 물질적인 것에 몰두하고 있으며, 이 육체와 지속적으로 연결되고, 육체를 끊임없이 돌보다 보니, 그 영혼에게는 물질적인 것이 너무나 자연스러운 것이 되고 말았네.

케베스: 참으로 옳은 말씀입니다.

소크라테스: 친구야, 이것은 크고, 무겁고, 세속적인 그 시각적(視覺的)인 요소로 여겨질 수 있어. 그런데 바로 이 요소 때문에 그런 영혼은 의기소침해져서 다시 눈에 보이는 세계로 끌려 내려온다네. 그 영혼이 눈에 보이지 않는 것과 저승을 두려워하기 때문이지. 그래서 그 영혼은 무덤들 사이를 배회하게 된다네. 사람들이 흔히 말하듯이, 육체를 떠나는 시점에 순수하지 않고 시각에 흠뻑 젖어 눈에 보이는 상태가 된 영혼의 유령들이 무덤 근처를 배회하고 있다네.

케베스: 소크라테스 선생님, 정말 그런 것 같습니다.

소크라테스: 케베스, 그럴 가능성이 아주 높아. 그 영혼들은 선한 사람들의 영혼이 아니라 악한 사람들의 영혼임에 틀림없어. 악한 사람들의 영혼은 그들이 살았던 사악한 삶의 방식에 대한 처벌로서 그런 곳을 떠돌지 않을 수 없다네. 그 영혼들은 계속 떠돌게 될 걸세. 그러다 보면 그들을 괴롭히는 욕망이 충족되고, 그들은 또 다른 육체에 갇히게 되지. 그러면 그 영혼들은 전생에 가졌던 것과 동일한 본성을 갖게 된다네.

케베스: 소크라테스 선생님, 어떤 본성을 뜻하십니까?

소크라테스: 과식이나 방종, 음주를 추구하며 피할 생각을 절대로 하지 않은 사람들은 당나귀와 그 비슷한 다른 동물들이 될 것이라는 뜻이야. 자네 생각은 어떤가?

케베스: 저도 그럴 가능성이 대단히 크다고 생각합니다.

소크라테스: 그리고 부정(不正)과 횡포, 폭력을 자행한 사람들은 늑대나 매, 솔개로 변할 걸세. 그런 것들 외에 그들이 될 만한 것으로 뭐가 있겠는가?

케베스: 맞습니다. 그런 사람들의 본성에 꼭 맞는 동물들입니다.

소크라테스: 그 영혼들 모두에게 각자의 본성과 성향에 어울리는 곳을 정해주는 것은 전혀 어려운 일이 아니겠지?

케베스: 맞습니다.

소크라테스: 영혼들 중에서도 다른 영혼들에 비해 더 행복한 영혼이 있네. 영혼 자체와 영혼의 주거지라는 두 가지 측면에서 가장 행복한 영혼은 자제와 정의라는 시민적, 사회적 미덕들을 추구해 온 영혼이라네. 그 미덕들은 철학과 이성의 도움 없이 습관과 관심에 의해 습득된 것이지.

케베스: 왜 그런 영혼이 가장 행복합니까?

소크라테스: 그런 영혼이 자신의 본성과 비슷한, 온순하고 사회적인 본성을 갖게 될 것으로 기대되기 때문이네. 벌이나 개미의 본성 같은 것을 말이네. 심지어 인간의 형태로 다시 돌아갈 수도 있어. 정의롭고 온건한 사람들은 그런 것들에서 비롯된다네.

케베스: 불가능하지 않은 이야기인 것 같습니다.

소크라테스: 그러나 배움을 사랑하는 사람에게만, 말하자면 철학

을 실천하고 완전히 순수한 상태에서 떠나는 사람에게만 신들에게 닿는 것이 허용된다네. 심미아스야, 그리고 케베스야, 이것이 철학의 진정한 신봉자들이 온갖 육욕을 삼가고, 그런 욕구에 굴복하기를 거부하는 이유라네. 철학의 신봉자들은 돈을 추구하는 사람들처럼, 빈곤이나 가족들의 파괴 또는 전반적인 세상의 파괴를 두려워해서 그렇게 하는 것도 아니고, 권력과 명예를 추구하는 사람들처럼, 사악한 행동의 불명예나 치욕을 무서워해서 그렇게 하는 것도 아니라네.

케베스: 소크라테스 선생님, 그런 것은 철학의 신봉자들에게 어울리지 않는 것 같습니다.

소크라테스: 그럼, 어울리지 않지. 따라서 자신의 영혼을 돌보면서 단순히 육체의 욕구를 따르지 않는 사람들은 이 모든 것들과 작별한다네. 그들은 앞을 보지 못하는 사람처럼 걷지 않아. 철학이 그들에게 정화의 기회를 제공하며 그들을 악으로부터 해방시킬 때, 그들은 영혼의 영향에 저항하지 말아야 한다는 것을 느끼게 되지. 그러면 그들은 영혼 쪽으로 기울게 되고, 그때부터 영혼이 이끌고 그들은 영혼을 따르게 된다네.

케베스: 소크라테스 선생님, 무슨 뜻입니까?

소크라테스: 설명하겠네. 지혜를 사랑하는 사람들은, 철학이 그들의 영혼을 받아들일 때, 자신의 영혼은 단순히 육체에 붙어 있었을 뿐이라는 것을 깨닫게 돼. 그런 상태에서 그들의 영혼은 그때까지 감옥의 쇠창살 같은 것을 통해서만 사물들의 본질을 볼 수 있었을 뿐이네. 영혼 자체나 영혼을 통해서 사물들의 본질을 본 것이 아니었네. 영혼은 온갖 종류의 무지의 진창에 빠져 뒹굴고 있었지. 그런 영

혼은 육욕 때문에 자신의 속박을 야기한 중대한 공범자라네.

지혜를 사랑하는 사람들은 영혼의 원래 상태가 그랬다는 것을 알고 있어. 그런 사람들은 또 영혼이 그런 상태에 있을 때 철학이 영혼을 받아들여 영혼에게 부드럽게 조언하며 영혼을 해방시키려고 노력한다는 것도 알고 있어. 이때 철학은 영혼에게 눈과 귀와 그 외의 다른 감각들이 거짓으로 가득하다는 점을 지적하면서, 영혼에게 꼭 필요한 경우가 아니라면 그런 것들을 가능한 한 멀리하고, 스스로를 자신 안으로 온전히 모으며, 영혼 자신과, 절대적인 존재에 대한 영혼 자신의 직관만을 믿으라고 가르치고, 다른 경로를 통해 영혼에게 오는 것과 변화하는 것을 믿지 말라고 가르쳤다네. 철학은 영혼에게 그런 것들은 눈에 보이고 손으로 만질 수 있지만, 영혼이 자신의 본질 안에서 보는 것은 눈에 보이지 않고 지성에 의해서만 이해된다는 것을 보여준다네.

그리고 진정한 철학자의 영혼은 이 같은 해방에 저항하면 안 된다고 생각하고, 따라서 쾌락과 욕망과 고통과 두려움을 최대한 삼간다네. 그때 진정한 철학자의 영혼은 어떤 사람이 대단한 기쁨이나 슬픔, 두려움이나 욕망을 느낄 때, 그 사람이 그런 것들로 인해 피해를 입게 된다는 사실을 고려한다네. 그 피해는 예를 들어 자신의 육욕을 위해 희생시키는 건강이나 재산의 상실 같이, 예상할 수 있는 그런 종류의 악이 아니라, 그보다 훨씬 더 심각한 악, 말하자면 모든 악들 중에서 가장 큰 악이 될 걸세. 그런데도 이 악에 대해 그 사람은 절대로 생각하지 않는다네.

케베스: 선생님, 그 악은 무엇입니까?

소크라테스: 바로 이것이라네. 영혼 안에서 쾌락이나 고통의 느낌이 최고조에 달할 때, 우리 모두는 자연히 이 치열한 감정의 대상들이 가장 명백하고 가장 진실하다고 짐작하지만, 절대로 그렇지 않다는 사실이라네.

케베스: 옳은 말씀입니다.

소크라테스: 영혼이 육체에 가장 심하게 홀려 있는 상태가 바로 그런 상태야.

케베스: 그건 왜 그렇습니까?

소크라테스: 모든 쾌락과 고통이 영혼을 육체에 박아 고정시키는 일종의 못이기 때문이네. 그러다 보면 영혼은 육체처럼 되어, 육체가 진리라고 단언하는 것을 진리라고 믿게 되지. 그러면 영혼은 육체에 동의하고 육체와 동일한 기쁨을 누림으로써 육체와 동일한 습관과 방법을 갖지 않을 수 없게 되고, 따라서 저세상으로 갈 때 순수하기가 지극히 어렵고, 언제나 육체에 빠져 지내게 되지. 이제 그 영혼은 곧 다른 육체 속으로 파고들고, 그곳에서 발아하고 성장하며, 따라서 신성하고 순수하고 단순한 것과의 교류에는 절대로 참여하지 못하게 된다네.

케베스: 선생님, 그것이 진리입니다.

소크라테스: 케베스, 이것이 지혜를 진정으로 사랑하는 사람들이 자제하고 용감한 이유라네. 그들이 세상이 제시하는 그런 이유 때문에 자제하고 용감한 것이 아니야.

케베스: 당연히, 그런 이유 때문은 아니지요.

소크라테스: 당연히 아니지! 철학자의 영혼은 그런 식으로 생각하지 않아. 철학자의 영혼은 철학에게, 놓여날 경우에 다시 쾌락과

고통의 지배를 받기 위해서, 말하자면 페넬로페[77]처럼 풀어버릴 베를 다시 짜기 위해서 자신을 해방시켜 달라고 요구하지는 않아. 그보다는, 철학자의 영혼은 열정을 멀리하고, 평온을 유지하며, 이성을 따르고, 자신을 응시하며 지낼 걸세. 그러면서 그 영혼은 진실하고 신성한 것을 보며, 거기서 자양분을 끌어낼 거야.

따라서 철학자의 영혼은 사는 동안에는 열심히 살려고 노력하고, 죽은 뒤에는 자신과 동일한 부류에게로 가서 인간의 질병으로부터 자유로워지기를 바란다네. 심미아스와 케베스야, 이런 것들을 추구하며 성숙한 영혼이 육체를 떠날 때 바람에 흩어져 어디에도 없는 무(無)가 될 것이라는 걱정은 하지 않아도 되지 않을까?

선생님께서 이 말을 끝낸 후, 꽤 긴 침묵이 흘렀지요. 선생님과 저희 대부분은 그때까지 나온 말을 곰곰 되새기는 것 같았습니다. 케베스와 심미아스만 서로 몇 마디 주고받았을 뿐이지요. 그 모습을 지켜보고 있던 소크라테스 선생님께서 케베스와 심미아스에게 그 논증에 대해 어떻게 생각하는지, 또 부족한 부분은 없는지 물으시더군요.

소크라테스: 누구든 그 문제를 철저히 조사하면, 아직 많은 부분이 의심과 공격의 대상이 될 수 있어. 자네들이 다른 문제에 대해 생

---

77 그리스 신화에 등장하는 여성으로 오디세우스의 아내이다. 오디세우스가 트로이와의 전쟁에 나간 뒤 20년 동안 돌아오지 않자, 그 사이에 청혼자들의 요구를 물리치기 위해 여러 가지 아이디어를 짜냈는데, 그 중 하나가 시아버지의 수의를 다 짠 뒤에 청혼을 받아들이겠다는 것이었다. 그녀는 낮에 짠 천을 밤에 도로 푸는 방법으로 오랜 세월을 버티다가 마침내 오디세우스와 재회했다.

각하고 있다면, 내가 더 이상 말을 하지 않겠지만, 지금도 여전히 그 논증에 대해 의심을 품고 있다면, 조금도 주저하지 말고 생각하는 바를 말하도록 해. 그러면 자네들이 제안하는 더 훌륭한 것을 받아들이면 되니까. 나의 도움이 필요하다고 판단되면, 내가 자네들을 도울 수 있도록 해 주게.

심미아스: 소크라테스 선생님, 저희 마음에 의심이 일어났다는 사실을 고백하지 않을 수 없습니다. 저희 각자는 궁금증에 대해 대답을 듣고 싶어 하면서도 질문을 직접 던지려 하지 않고 상대방이 질문하도록 부추기고 있었지요. 저희의 집요한 간청이 현재 상황에서 문제를 일으킬 수도 있겠다는 걱정 때문입니다.

소크라테스: (미소를 지으며) 오, 심미아스야, 무슨 그런 이상한 말을 하는가? 내가 현재 상황을 불운으로 여기지 않는다는 사실을 자네들에게 설득시키지 못하고, 자네들이 내가 다른 때보다 지금 더 힘들어하고 있다고 계속 상상한다면, 다른 사람들을 설득시킬 가능성은 거의 없어.

자네들은 내 안에 예언의 영(靈)이 백조들이 가진 것만큼 있다는 사실을 인정하지 않을 것인가? 백조들은 죽음이 가까워졌다는 것을 눈치 챌 때 평생 노래를 해 왔으면서도 그 순간에 곧 신에게 간다는 생각에 기뻐하며 그 어느 때보다 더 힘차게 노래를 부른다네. 그때까지 백조들은 신의 대리자 역할을 충실히 해 왔지. 그러나 인간들은 죽음을 두려워하는 까닭에 그런 백조를 두고 마지막으로 슬픔을 노래한다는 식으로 모략적인 말을 한다네. 그 어떤 새도 춥거나 굶주리거나 고통받는 상황에서 노래하지 않는다는 사실을, 나이팅게일이

나 제비, 후투티도 그렇게 하지 않는다는 사실을 고려하지 않고 말이네. 그런데 이 새들은 정말로 슬픔의 노래를 한 가락 읊조리는 것으로 여겨진다네. 나 자신은 이 말이 백조들만 아니라 다른 새들에게도 적용되지 않는다고 믿고 있어.

그러나 백조들은 아폴론 신에게 바쳐졌고 예언 능력을 갖고 있고 저승의 좋은 것을 예상하기 때문에, 바로 그날 그 전 어느 날보다 더 격하게 기뻐하며 노래한다네. 그리고 나도 스스로 동일한 신에게 봉헌된 종이자 백조의 동료 종이라고 믿으면서, 그리고 나의 주인으로부터 백조의 것보다 절대로 못하지 않은 예언 능력을 받았다고 생각하면서, 백조들보다 덜 즐거운 상태에서 생을 마치고 싶지 않다네. 그 문제에 대해서는 신경을 끊고, 아테네의 11인 위원회가 허락하는 시간까지 자네들이 원하는 것이면 무엇이든 말하고 묻도록 하게.

심미아스: 소크라테스 선생님, 그렇다면 저는 저의 어려움에 대해 말씀드리고, 케베스는 그의 어려움에 대해 말씀드릴 것입니다. 선생님도 저처럼 느끼시는지 궁금합니다. 저희가 다루고 있는 문제들과 관련해서는 현재의 삶에서 확신을 품기가 매우 어렵거나 거의 불가능하다는 느낌이 들거든요.

그럼에도 저는 그 문제들에 대해 한 말을 능력껏 증명하지 않는 사람을 겁쟁이로 여겨야 합니다. 혹은 그 문제들을 모든 측면에서 조사하기도 전에 실망부터 하는 사람을 겁쟁이로 여겨야 합니다. 그 사람은 다음 두 가지 중 어느 하나를 성취할 때까지 인내하며 노력해야 합니다. 그 문제들에 관한 진리를 발견하거나 배워야 하며, 그것이 불가능하다면, 인간의 이론 중에서 가장 훌륭하고 부정당할 가능성이 가장 작은 것을 택하여 그것을 인생 항해를 위한 뗏목으로 이용해야 할 것입니다. 저도 인정하는 바와 같이, 만약 그 사람이 보다 확실하고 안전하게 이끌어줄 신의 몇 마디 말씀을 발견하지 못한다면, 위험이 없는 것도 아니지만 말입니다. 선생님께서 권하시니 감히 질문을 드리려 합니다. 지금 궁금증을 털어놓지 않았다가 나중에 저 자신을 탓하는 일이 없도록 하기 위해서입니다. 제가 그 문제를 저 홀로, 또는 케베스와 함께 고려할 때, 소크라테스 선생님, 저에게는 확실히 그 논증이 충분하지 않아 보입니다.

소크라테스: 친구야, 자네 말이 맞을 수도 있지만, 어떤 측면에서 논증이 충분하지 않은지 알고 싶네.

심미아스: 바로 이런 측면입니다. 화음(和音)과 수금(竪琴)에 대해서도 동일한 논증을 이용할 수 있습니까? 화음은 눈에 보이지 않고, 무형이고, 완벽하고, 신성하며, 조율된 수금 안에 있는 그 어떤 것이지만, 수금과 현(鉉)들은 물질적이고, 세속적이고, 복합적이고, 사라질 운명을 타고났다고 말할 수 있습니까? 누군가가 수금을 깨뜨리거나 현을 끊을 때, 그때 이 관점을 취하는 사람은 선생님과 똑같이 유추하면서, 화음은 사라지지 않고 살아남았다고 주장할 것입니다. 현 없는 수금과 끊어진 현들은 그대로 남지만, 신성하고 불멸의 본질을 지닌 화음은 사라질 운명을 타고난 것들보다 먼저 사라진다는 것을, 저희가 생각하는 바와 달리, 선생님께서는 상상할 수 없으니 말입니다. 앞의 그 사람은 화음은 어딘가에 확실히 존재하며, 나무와 현들은 화음이 쇠퇴하기 전에 썩을 것이라고 말할 것입니다.

소크라테스 선생님, 그래서 저는 혹시 이렇지 않을까 생각해 봅니다. 우리 모두가 품고 있는 영혼의 개념은 선생님의 개념일 것이고, 선생님도 육체를 뜨겁고 차가운 요소들과 젖고 마른 요소들, 그리고 그 외의 다른 요소들에 의해 단단히 결합되어 있는 것으로 여길 것이며, 영혼은 그 요소들의 조화 또는 적절한 혼합이 아닌가 하고 말입니다. 만약 그렇다면, 육체의 현들이 질환이나 다른 부상으로 인해 심하게 늘어지거나 당겨질 때, 영혼은 대단히 신성함에도 불구하고 음악이나 예술 작품의 조화처럼 당장 사라진다는 추론이 가능해집니다. 비록 육체의 물질적 잔재는 썩거나 태워질 때까지 상당한 시간 동안 남을지라도 말입니다.

지금 누군가가 영혼이 육체의 요소들의 조화이기 때문에 죽음이라 불리는 것이 닥치면 가장 먼저 사라진다고 말하면, 우리는 그 사람에게 뭐라고 대답해야 합니까?

소크라테스 선생님께서는 평소의 태도 그대로 우리를 둘러보시며 웃음을 띠며 말씀하셨지요.

소크라테스: 심미아스는 나름대로 근거를 갖고 있군. 자네들 중에서 나보다 더 잘할 수 있는 사람이 있으면 심미아스에게 대답 좀 해주면 어떻겠는가? 나에 대한 공격에 힘이 실려 있으니 말이네. 그러나 우리가 심미아스에게 대답하기 전에 먼저, 케베스로부터 그 논증에 반대할 것이 없는지부터 듣는 것이 좋을 것 같네. 그러면 우리에게 생각할 시간도 생기지 않겠어? 두 사람이 의견을 밝히고 나면, 그들의 말이 진리와 일치하는 것처럼 보이는 경우에 우리는 그들에게

동의해야 하네. 그들의 말이 그렇지 않다면, 우리가 반대편에 서서 그들과 논쟁을 벌이면 되네. 그러니 케베스, 자네를 힘들게 만드는 어려움이 무엇인지 나에게 말해 주지 않겠어?

케베스: 말씀 드리겠습니다. 제가 느끼기에, 그 논증이 여전히 동일한 곤경에 처해 있으며, 앞에 언급한 것과 동일한 반대에 봉착하고 있는 것 같습니다. 저는 영혼이 육체의 형태 속으로 들어가기 전에 이미 존재한다는 주장이 대단히 독창적이고, 또 꽤 충분히 입증되었다는 점을 인정할 준비가 되어 있습니다. 그러나 육체가 죽은 뒤에도 영혼이 존재한다는 것은 저의 판단에는 여전히 입증되지 않았습니다. 지금 저의 반대는 심미아스의 반대와 다릅니다. 저의 경우에는 영혼이 육체보다 더 강하고 더 오래 지속된다는 점을 부정하지 않습니다. 그런 측면에서 영혼이 육체보다 월등히 더 우수하다는 것이 저의 의견입니다. 그러면 저에게 이런 질문이 던져지겠지요.

"그런데 당신이 납득하지 못하는 이유가 뭔가? 사람이 죽은 뒤에 그 사람의 보다 약한 부분이 여전히 존재한다는 것이 확인되는데, 그 부분보다 더 오래 지속되는 것은 구체적인 그 시간에 당연히 살아 있음에 틀림없다는 것을 왜 받아들이지 않는가?"

지금 저도 심미아스처럼 예를 제시할까 합니다. 선생님께서 이 예가 그 논증과 맞아떨어지는지 고려해 주시길 바랍니다. 제가 제시하는 예는 늙은 직공(織工)입니다. 이 직공이 죽은 뒤에, 누군가가 그는 죽지 않았다고, 그가 살아 있음에 틀림없다고 말합니다. 그 사람은 증거로 이 직공이 직접 짜서 입었던 코트에 주목합니다. 그가 입었던 코트는 낡지 않은 상태로 여전히 온전히 남아 있기 때문입니다.

이어서 그 사람은 그 이야기에 의문을 품는 사람에게, 사람이 더 오래 가는지 입으면 닳는 코트가 더 오래 가는지에 대해 묻습니다. 사람이 훨씬 더 오래 간다는 대답을 들었을 때, 그 사람은 자신이 더 오래 지속되는 사람의 존속을 확실히 증명해 보였다고 생각합니다. 사람보다 덜 오래 지속되는 것이 여전히 남아 있다는 이유에섭니다.

그러나 심미아스에게 관찰해 달라고 부탁했지만, 그것은 진실이 아닙니다. 모두가 그런 식으로 말하는 사람이 터무니없는 말을 하고 있다는 것을 알고 있습니다. 진실이 이러하기 때문입니다. 그런 코트를 많이 짜 입었던 이 직공은 자신의 코트들 중 몇 벌보다는 오래 살았지만 마지막 코트보다는 오래 살지 못했습니다. 그래도 이 같은 사실은 사람이 코트보다 더 사소하고 더 약하다는 것을 증명하는 것과는 거리가 멉니다.

이제 육체와 영혼의 관계도 비슷한 비유를 통해서 표현할 수 있을 것입니다. 누구나 영혼은 오래 지속되고, 육체는 그에 비하면 약하고 오래 지속되지 않는다고 말할 수 있습니다. 그리고 모든 영혼은 특히 오랜 세월을 사는 경우에 많은 육체들을 닳게 하는 것으로 여겨질 수 있습니다. 만약 그 사람이 살아 있는 동안에, 육체가 변화하며 쇠퇴해도 영혼은 언제나 또 다른 옷을 짜고 해어진 부분을 수선한다면, 당연히 영혼은 사라질 때 마지막으로 짠 옷을 걸치고 있을 것이고, 이 옷만은 영혼보다 더 오래 살아남을 것입니다. 그리고 영혼이 사라질 때, 육체도 그 단계에서 마침내 타고난 허약성을 드러내며 빨리 부패하며 사라질 것입니다. 따라서 나는 이 논증을 사후에도 영혼이 계속 존재한다는 점을 입증하는 것으로 여겨서는 안 됩니다.

심미아스가 가능하다고 단언하는 그 이상을 인정하고, 또 영혼이 출생 전에 이미 존재한다는 것뿐만 아니라 일부 영혼들은 죽음 뒤에도 계속 존재하며 거듭 태어났다가 죽을 것이라는 점을 인정하고, 또 영혼이 여러 번의 생을 버텨내고 다시 태어날 힘을 타고났다는 점을 인정하더라도, 그럼에도 우리는 여전히 영혼이 연속적인 출생의 고통을 겪으며 지쳐가다가 마침내 육체의 죽음들 중 어느 하나에 굴복하며 완전히 사라지게 될 것이라고 생각하는 경향을 보일 것입니다. 이 죽음과 영혼의 파괴를 야기한 육체의 붕괴는 우리에게 알려지지 않을 것입니다. 우리 중에서 그것을 경험한 사람이 아무도 없기 때문입니다. 만약 이것이 진실이라면, 영혼이 완전히 불멸이고 사라질 수 없다는 점을 증명하지 못한다면, 죽음 앞에서 어리석은 확신을 품는 것은 적절하지 않습니다. 만약 그것을 증명하지 못하는 한, 죽음을 앞둔 사람은 언제나 육체가 해체될 때 영혼도 마찬가지로 영원히 사라질 것이라고 두려워할 근거를 갖게 될 것입니다.

그 자리에 있던 우리 모두는, 훗날 서로에게 말했듯이, 두 사람의 말을 들으며 불쾌한 감정을 느꼈습니다. 그때까지 너무도 강하게 확신하고 있었는데, 우리의 믿음이 흔들리며 혼동과 불확실성이 고개를 드는 것처럼 느껴졌지요. 이전의 논증뿐만 아니라 앞으로 있을 논증에도 그런 혼동과 불확실성이 스며들 것 같았지요. 우리가 제대로 판단할 능력을 갖추지 못했거나, 믿음의 근거가 전혀 없거나 둘 중 하나인 것 같았습니다.

에케크라테스: 그 점에 공감합니다. 파이돈, 나도 정말 그런 감정을 느꼈습니다. 당신이 말할 때, 나도 똑같은 질문을 던지기 시작했습니다. 어떤 논증을 다시 믿을 수 있겠는가? 지금 의심의 대상이 되고 있는 소크라테스의 논증보다 더 설득력 있는 논증이 있을 수 있습니까? 영혼이 일종의 화음이라는 주장은 언제나 나에게 놀라운 매력을 발휘한 가르침이고, 언급되기만 하면 마치 나 자신이 직접 얻은 확신처럼 금방 떠오르는 그런 가르침이지요. 이제 나는 인간이 죽을 때 그의 영혼은 함께 죽지 않는다는 확신을 심어줄 다른 논증을 발견해야 합니다. 소크라테스 선생님은 어떤 식으로 풀어나가시던가요? 말씀해주길 바랍니다. 그분도 불쾌한 감정을 느끼는 것처럼 보였습니까? 아니면 그들의 참견을 차분히 받아들이며 충분한 대답을 제시하던가요? 그 일이 어떤 식으로 전개되었는지, 최대한 정확하게 말해주십시오.

파이돈: 에케크라테스, 나 자신이 소크라테스 선생님을 보면서 종종 감탄했지만, 그 순간만큼 그분을 깊이 존경했던 적은 결코 없었습니다. 그분이 그 문제에 대답할 수 있었다는 사실은 아무것도 아닙니다. 나를 놀라게 한 것은, 첫째, 선생님께서 젊은 친구들의 말을 받아들이는 태도였답니다. 그지없이 부드럽고 유쾌하고 만족하는 느낌이었지요. 그 다음은 그 논증으로 인해 생겼을지 모르는 상처를 너무도 빨리 인식했다는 점입니다. 그 즉시 치유의 기술을 유감없이 발휘했지요. 그런 모습의 소크라테스 선생님은 전투에 패배하여 낙담한 군대를 다시 규합하고 있는 장군과 비교할 만했습니다. 젊은이들에게 자신을 따르며 토론의 장으로 다시 돌아올 것을 촉구하고 있었

지요.

에케크라테스: 그 다음엔 어떻게 되었습니까?

파이돈: 곧 듣게 될 것입니다. 내가 선생님의 오른쪽에, 그분과 아주 가까운 곳에서 걸상 같은 것에 앉아 있었으니까요. 그분은 꽤 더 높은 침상에 앉아 있었지요. 그분이 나의 머리를 쓰다듬더니 머리카락을 목덜미 쪽으로 쓸더군요. 그분 나름으로 나의 머리카락을 갖고 장난을 치기도 했지요. 그러다가 그분이 말씀하시더군요.

소크라테스: 파이돈, 내일쯤 자네의 멋진 머리카락도 잘라야 할 것 같은데.

파이돈: 소크라테스 선생님, 아마 그래야 할 것 같습니다.

소크라테스: 자네가 나의 조언을 받아들인다면, 그렇게 하지 않아도 될 걸세.

파이돈: 그럼, 머리 타래를 어떻게 해야 합니까?

소크라테스: 내일이 아니라 오늘, 만약 이 논증이 힘을 잃고 우리가 그것을 다시 살려내지 못한다면, 자네와 나는 똑같이 머리를 밀 것이네. 만약 내가 자네인데 심미아스와 케베스의 반론에 맞서 나의 논증을 유지하지 못한다면, 나는 아르고스 사람들[78]처럼 그 논쟁을 되살리고 그들을 물리칠 때까지 머리를 절대로 기르지 않겠다고 맹세할 걸세.

파이돈: 좋습니다. 하지만 헤라클레스도 둘을 상대하지는 않은 것으로 알고 있습니다.

---

78 그리스 펠로폰네소스 반도에 위치했던 도시인 아르고스의 남자들은 스파르타 사람들로부터 티레아(Thyrea)를 되찾을 때까지 머리를 기르지 않기로 맹세했다.

소크라테스: 그러면 나를 부르게. 해가 지기 전까지, 내가 자네의 이올라오스(Iolaus)[79]가 되어줄 테니.

파이돈: 예, 선생님을 부르겠습니다. 그러나 이올라오스를 부르는 헤라클레스의 입장이 아니라, 이올라오스가 헤라클레스를 부르듯이 하겠습니다.

소크라테스: 이러나저러나 똑같네. 그러나 먼저 한 가지 위험을 피해야 하네.

파이돈: 무엇입니까?

소크라테스: 이치를 따지기 싫어하는 사람이 될 위험 말이네. 우리에게 일어날 수 있는 최악의 위험 중 하나가 바로 그것이지. 사람을 싫어하는 사람들이 있듯이, 사상을 싫어하고 이치를 따지길 싫어하는 사람들이 있어. 사람을 싫어하는 사람이나 이치를 따지길 싫어하는 사람이나 똑같이 세상에 대한 무지라는 동일한 원인에서 비롯된다네.

사람을 싫어하는 태도는 경험하지 않은 것에 대한 지나친 확신에서 생겨나지. 자네가 어떤 사람을 믿으며 그가 진실하고 선하고 충직하다고 생각했는데, 조금 있다가 그 사람이 거짓되고 교활한 사람으로 드러날 수 있어. 그런데 그 사람만이 아니라 다른 사람도 그런 것으로 확인될 수 있어. 이어서 또 다른 사람도 그런 것으로 확인될 수 있어. 어떤 사람에게 이런 일이 여러 차례 일어날 때, 특히 그 사람이 가장 신뢰하는 친구들 사이에서 거듭해서 일어나고 그로 인해 다툼

---

79 헤라클레스가 12개의 과업 중 하나인, 9개의 머리를 가진 괴물 히드라를 죽이는 과업을 완수하던 중에 그를 도운 인물로, 헤라클레스의 조카이다.

이 벌어지다 보면, 그 사람은 최종적으로 모든 인간을 싫어하며 세상에 선한 마음을 가진 사람은 한 사람도 없다고 믿게 된다네. 자네도 이런 예를 틀림없이 관찰했을 걸세.

파이돈: 예, 본 적 있습니다.

소크라테스: 그런 감정은 수치스러운 것이 아닌가? 타인들을 다뤄야 하는 사람이 타인들에 대한 지식을 전혀 갖추고 있지 않으니 말이네. 만약 그 사람이 지식을 갖추고 있었다면, 그가 그 문제의 실상을, 말하자면 선한 사람도 극소수이고 악한 사람도 극소수이며, 대다수의 사람들은 선한 사람과 악한 사람들 사이에 선다는 사실을 알았지 않겠는가.

파이돈: 무슨 뜻입니까?

소크라테스: 자네가 매우 큰 것과 매우 작은 것에 대해 말할 수 있지만, 매우 큰 인간이나 매우 작은 인간보다 더 이상한 것은 없다는 뜻이네. 이 말은 큰 것이든 작은 것이든, 민첩한 것이든 느린 것이든, 공정한 것이든 불공정한 것이든, 검은 것이든 흰 것이든, 모든 극단적인 것들에 대체적으로 적용된다네. 그리고 자네가 선택하는 예들이 인간이든 개든 그 외의 다른 것이든, 극단적인 것은 극소수이고 대다수는 극단적인 것들 사이에 속한다네. 자네는 이런 현상을 한 번도 관찰하지 않았는가?

파이돈: 물론, 관찰했습니다.

소크라테스: 악의 경쟁 같은 것이 있다면, 악들 중에서 첫손가락에 꼽히는 악은 극소수일 것이라고 자네는 생각하지 않는가?

파이돈: 그럴 가능성이 아주 큽니다.

소크라테스: 맞아, 그럴 가능성이 아주 크다네. 그러나 논증들은 이 측면에서 인간들과 비슷하지 않아. 내가 그만 자네에게 이끌려서 의도하지 않은 말까지 하고 말았네. 그래도 유사점은 있어. 변증법에 대해 전혀 아무것도 모르는 단순한 사람이 어떤 주장을 진리라고 믿어놓고는 훗날 그것을, 그것이 실제로 거짓인지 여부를 떠나서 거짓이라고 생각하게 될 때, 그리고 이어서 이런 예들이 연이어 일어날 때, 그 사람에게는 최종적으로 믿음이 더 이상 남지 않게 될 걸세. 그러면 논쟁을 일삼는 사람들은, 자네도 알다시피, 마침내 자신들이 인류 중에서 가장 현명한 인물의 반열에 올랐다고 생각하게 된다네. 이유는 그들만이 모든 논증들 또는 사물들 자체에 건전하거나 확실한 것이 전혀 없다는 것을, 또 모든 사물들이 마치 에우리포스(Euripus) 해협[80]의 거친 해류를 타고 있는 것처럼, 올라갔다 내려가기를 끊임없이 반복하며 한 순간도 일정하지 않다는 것을 깨닫기 때문이라네.

파이돈: 옳은 말씀입니다.

소크라테스: 그렇다네, 파이돈. 만약 진리나 확실성, 또는 인식의 힘 같은 것이 여하튼 있다면, 그런 상황은 아마 매우 우울하지 않을까. 그러면 사람이 이 논증 저 논증을 다 분석해야 하는데, 이 논증이 처음에는 진리인 것처럼 보였다가 거짓으로 드러날 수도 있으니 말이네. 그런 상황에 처하면, 그 사람은 자신과 자신의 능력 부족을 탓하지 않고, 골치 아파 하다가 최종적으로 논증 자체를 탓하며 마음의 평안을 얻게 된다네. 그러다 보면 그 사람은 영원히 논증을 혐오하

---

80 그리스의 에우보이아 섬과 본토의 보이오티아 지방 사이에 위치한 좁은 수로를 말한다.

고, 따라서 진리와 사물들의 본질에 관한 지식을 영영 잃어버리고 말 것이네.

파이돈: 정말 그렇습니다. 그건 참으로 우울한 일이 아닐 수 없습니다.

소크라테스: 그러니, 무엇보다, 어떤 논증에도 진리나 건강 또는 건전성 같은 것은 전혀 없다는 인식을 우리 영혼 안으로 받아들이지 않도록 조심해야 하네. 그보다는 우리 자신이 내적으로 아직 건전한 상태를 이루지 못했다고 말하고, 또 우리가 용기를 갖고 건전한 상태를 이루도록 열심히 노력해야 한다고 말하도록 하세. 자네를 비롯한 세상의 모든 남자들은 생의 나머지를 위해서, 나는 죽음을 위해서 그렇게 해야 하네.

지금 이 순간에 나는 나 자신이 철학자의 기질을 발휘하지 못하고 있다는 것을 알고 있어. 나도 천박한 사람처럼 한쪽으로 치우친 사람일 뿐이라네. 승리를 노리는 당파적인 사람이 무엇인가를 놓고 토론을 벌일 때마다, 그 사람은 그 문제의 옳은 점들에 대해서는 전혀 신경을 쓰지 않고 오직 청중에게 자신의 단언을 납득시키려 안달을 부리지. 이 순간에 그런 사람과 나의 차이점은 이것뿐이야. 그 사람은 청중에게 자신의 말이 진리라는 점을 설득시키려고 노력하는 반면에, 나는 오히려 나 자신을 설득시키려고 노력하고 있다네. 청중을 설득시키는 것은 나에게 있어서 부차적인 문제거든.

사랑하는 친구야, 자네는 내가 얼마나 욕심이 많은지를 확인하게 될 걸세. 만약 내가 하는 말이 진리라면, 그 진리에 설득당하는 것은 정말 멋진 일이지. 그러나 죽음 뒤에 아무것도 남지 않더라도, 지금 남아 있는 짧은 시간 동안만이라도, 내가 친구들을 비탄으로부터 구할 수 있으니 말이네. 나의 무지는 오래 가지 않을 것이고, 따라서 어떤 피해도 일어나지 않을 걸세.

심미아스야, 그리고 케베스야, 지금 나는 그런 마음 상태에서 그 논증에 접근하고 있다네. 그리고 나는 자네들에게 소크라테스에 대해 생각하지 말고 진리에 대해 생각해 달라고 당부하네. 만약 내가 자네들에게 진리를 말하는 것처럼 보인다면, 나의 말에 동의하고, 그렇지 않으면 온 힘을 다해 나에게 저항하도록 하게. 내가 논증에 열중하다가 나 자신뿐만 아니라 자네들을 기만하는 일은 없어야 하고, 죽기 전에 벌처럼 자네들 안에 나의 침을 남기는 일도 없어야 하네.

그러면 이제 시작하도록 하세. 먼저, 내가 자네들이 한 말을 정확히 기억하고 있는지부터 검토하고 싶네. 제대로 기억하고 있다면, 심미아스는 영혼이 화음의 형태로 있기 때문에 육체보다 더 공정하고 더 신성할지라도 가장 먼저 사라지는 것이 아닌지 오해하며 두려워하는 것 같군. 한편, 케베스는 영혼이 육체보다 훨씬 더 오래 지속된다는 점을 인정하는 것 같으면서도, 영혼이 여러 육체를 거치며 힘이 약해진 뒤에 사라지며 마지막 육신을 뒤에 남기는 것은 아닌지 모르겠다고 했지. 그리고 육체의 파괴가 아닌 영혼의 파괴인 이것이 죽음이라고 했지. 이유는 육체 안에서 파괴 작용이 지속적으로 일어나고 있기 때문이라더군. 심미아스야, 케베스야, 이것들이 우리가 고려해야 할 사항들이 아닌가?

두 사람은 똑같이 그들의 주장을 요약한 이 진술에 동의했지요. 그러자 소크라테스 선생님께서 말씀하시기 시작하더군요.

소크라테스: 자네들은 앞의 논증 전체를 부정하는가, 아니면 일부만을 부정하는가?

이에 두 사람은 똑같이 일부만 부정한다고 대답했지요.

소크라테스: 논증 중에서 지식은 단지 상기(想起)일 뿐이라고 한 부분에 대해서는 어떻게 생각하는가? 그것을 바탕으로 영혼이 육체 안에 갇히기 전에 어딘가 다른 곳에서 존재했음에 틀림없다고 추론하지 않았던가?

케베스는 논증 중 그 부분에 놀라울 만큼 강한 인상을 받았다고, 또 그 확신이 흔들리지 않고 그대로 남아 있다고 말하더군요. 심미아스도 거기에 동의하면서, 그것에 대해 달리 생각할 가능성은 상상하지 못한다고 덧붙이더군요.

소크라테스: 그러나 테바이 친구야, 화음이 하나의 합성물이라는 뜻을, 그리고 영혼이 육체의 구조 안에 있는 현(絃)들로부터 생겨나는 일종의 화음이라는 뜻을 지금도 고수하고 있다면, 자네는 생각을 바꿔야 할 걸세. 화음이 그 화음을 구성하는 요소들보다 앞선다고 말하는 것이 불가능하기 때문이네.

심미아스: 선생님, 그것은 절대로 불가능합니다.

소크라테스: 그러나 자네가 영혼은 인간의 형태와 육체를 취하기 전부터 존재했다고 주장하는 한편으로 영혼이 아직 존재하지 않는 요소들로 이뤄져 있다고 주장할 때, 그 말이 곧 그런 뜻이란 것을 자네는 모르는가? 자네가 짐작하는 것과 달리, 화음은 영혼과 비슷한 종류가 아니야. 먼저 수금이 있고, 현들이 있고, 소리들은 불협화음의 상태로 존재하고 있어. 그러다가 화음은 맨 마지막에 나타나고, 또 가장 먼저 사라진다네. 이것과 비슷한 영혼 개념이 어떻게 우리가 앞에서 논한 영혼의 개념과 일치할 수 있겠는가?

심미아스: 그건 가능하지 않습니다.

소크라테스: 그럼에도, 화음이 토론의 주제인 때에는 반드시 화음이 있어야 하네.

심미아스: 당연히 있어야 하지요.

소크라테스: 그러나 지식은 상기이고, 영혼은 하나의 화음이라는 두 가지 명제 사이에는 전혀 조화가 없어. 그렇다면 자네는 둘 중 어느 것을 고수할 것인가?

심미아스: 소크라테스 선생님, 저는 둘 중에서 첫 번째 명제를 두 번째 명제보다 훨씬 더 강하게 믿고 있습니다. 첫 번째는 저에게 완전히 증명되었으나, 두 번째는 전혀 증명되지 않은 상태에서 단지 그럴 듯해 보이는 근거에만 의존하고 있습니다. 저는 가능성을 바탕으로 한 이 논증들이 사기라는 것을 잘 알고 있습니다. 그러기에 이 논증들을 이용할 때 주의를 세심하게 기울이지 않으면, 그것들이 기하학에서만 아니라 다른 것들에서도 기만으로 흐르기 십상입니다.

그러나 상기와 배움에 관한 이론은 신뢰할 만한 토대 위에서 증명되었으며, 그 증거는 영혼이 육체로 들어오기 전에 이미 존재했음에 틀림없다는 것이었습니다. 왜냐하면 이름 자체가 존재를 암시하는 '본질'이 영혼에 속하기 때문이지요. 제가 확신하는 바와 같이, 이 결론을 제대로 받아들였기 때문에, 이제 저는 충분한 근거를 바탕으로 영혼은 일종의 화음이라는, 저 자신 또는 다른 사람의 단언을 포기해야 할 것 같습니다.

소크라테스: 심미아스, 그 문제를 다른 관점에서 보도록 하세. 자네는 화음이나 그 외의 다른 어떤 합성이 그것을 구성하는 요소들의 상태와 다른 상태로 있을 수 있다고 상상하는가?

심미아스: 절대로 그렇지 않습니다.

소크라테스: 혹은 화음이나 합성은 그 요소들이 하거나 겪는 것이 아닌 다른 것을 하거나 겪는가?

심미아스: 그렇지 않습니다.

소크라테스: 그렇다면, 화음은 화음을 이루고 있는 부분들이나 요소들을 앞서 이끌지 않고 오직 그것들을 뒤따르기만 하겠군.

심미아스: 그렇습니다.

소크라테스: 그것은 아마 화음이 부분들과 반대되는 움직임이나 소리나 특성을 가질 수 없기 때문일 걸세.

심미아스: 그렇습니다.

소크라테스: 모든 화음은 그 요소들이 서로 조화롭게 연결되는 방식에 의존하지 않는가?

심미아스: 이해가 잘 되지 않습니다.

소크라테스: 화음에도 등급이 있다는 뜻이네. 이를테면, 음들이 보다 완전하게 조화를 이룰 때에는 보다 훌륭하고 보다 완전한 화음이 된다는 말이네. 조화로운 상태가 조금 떨어질 때는, 덜 완전한 화음이 되지.

심미아스: 옳은 말씀입니다.

소크라테스: 그런데 영혼에도 등급이 있는가? 어떤 영혼이 다른 영혼에 비해 더 낮거나 못할 수 있는가?

심미아스: 절대로 그렇지 않습니다.

소크라테스: 그래도 어떤 영혼은 지성과 미덕을 갖추고 있고 선한 것으로 여겨지고, 또 어떤 영혼은 어리석음과 악덕을 갖추고 있고 사악한 것으로 여겨진다네. 그렇지 않은가?

심미아스: 맞는 말씀입니다.

소크라테스: 영혼이 화음과 비슷하다고 주장하는 사람들은 이처럼 영혼 안에 미덕과 악덕이 존재하는 것을 두고 뭐라고 할 것인가? 그것들은 별도의 화음이고 별도의 불협화음이라고 할 것인가? 또 선한 영혼은 조화롭고 그것 자체가 하나의 화음이기 때문에 그 안에 다른 화음을 포함하고 있는 반면에, 악한 영혼은 조화롭지 않고 그 안에 어떠한 화음도 갖추고 있지 않다고 할 것인가?

심미아스: 저는 대답하지 못하겠습니다. 그러나 이런 견해를 가진 사람들은 그런 내용의 주장을 펼 것 같다는 생각은 듭니다.

소크라테스: 그리고 어떤 영혼도 다른 영혼보다 더 나을 수 없다는 데 대해서는 우리가 이미 동의했어. 그것은 곧 화음이 다른 화음에 비해 더 조화롭지도 않고 덜 조화롭지도 않다는 것을, 또는 더 완

전하지도 않고 덜 완전하지도 않다는 것을 인정하는 것이나 마찬가지가 아닌가? 그렇지 않은가?

심미아스: 옳은 말씀입니다.

소크라테스: 더 완전하지도 않고 덜 완전하지도 않은 화음은 더 조화롭지도 않고 덜 조화롭지도 않지 않은가?

심미아스: 그렇습니다.

소크라테스: 더 조화롭지도 않고 덜 조화롭지도 않은 것은 더 많거나 더 적은 화음을 갖는 것이 아니라, 동일한 화음만을 가질 수 있지 않은가?

심미아스: 그렇습니다. 동일한 화음을 가질 뿐입니다.

소크라테스: 그렇다면 한 영혼은 다른 영혼에 비해 더 완전하지도 않고 덜 완전하지도 않기 때문에 더 조화롭지도 않고 덜 조화롭지도 않지 않은가?

심미아스: 그렇습니다.

소크라테스: 따라서 한 영혼은 다른 영혼에 비해 더 완전한 화음을 보이지도 않고 덜 완전한 화음을 보이지도 않고, 불협화음을 보이지도 않는다는 뜻인가?

심미아스: 그렇습니다.

소크라테스: 한 영혼이 다른 영혼에 비해 더 완전한 화음을 보이지도 않고 덜 완전한 화음을 보이지도 않으니까, 만약 악덕이 불협화음이고 미덕이 화음이라면, 한 영혼은 다른 영혼에 비해 악덕이나 미덕을 절대로 더 많이 갖지 못하는가?

심미아스: 네, 그렇습니다.

소크라테스: 심미아스, 더 정확히 말하면, 영혼이 화음 같은 것이라면 어떤 악도 갖지 않을 것이네. 이유는 화음이 절대적으로 하나의 화음인 까닭에 불협화음과는 아무런 관계가 없기 때문이네.

심미아스: 그렇습니다.

소크라테스: 따라서 절대적으로 하나의 영혼인 어떤 영혼은 악덕을 전혀 갖지 않는가?

심미아스: 앞의 논증이 정확하다면, 영혼이 어떻게 악덕을 가질 수 있겠습니까?

소크라테스: 그렇다면 만약 모든 동물들의 영혼들이 똑같이 절대적으로 영혼이라면, 그 영혼들도 똑같이 선하겠지?

심미아스: 소크라테스 선생님, 동의합니다.

소크라테스: 자네는 이 모든 것이 진리일 수 있다고 생각하는가? 그리고 이 모든 결론들은 받아들여질 수 있는가? 이 결론들이 영혼은 화음 같은 것이라는 가정에서 나온 것처럼 보이는데도 말이네.

심미아스: 절대로 그럴 수 없습니다.

소크라테스: 인간의 본성을 이루는 모든 요소들의 지배자로서, 영혼, 특히 현명한 영혼이 아니고 뭐가 있을 수 있겠는가? 자네는 아는 바가 있는가?

심미아스: 정말로, 저는 모릅니다.

소크라테스: 그리고 영혼은 육체의 성향들과 일치하는가, 아니면 일치하지 않는가? 예를 들어, 몸이 뜨겁고 갈증이 날 때, 영혼이 육체를 반대 방향으로, 그러니까 물을 마시지 않도록 하고, 굶주리고 있을 때, 음식을 먹지 않도록 하지 않는가? 이것은 영혼이 육체에 나타

나는 현상들에 반대하는 수많은 예들 중 하나에 지나지 않으며, 그런 예들은 무수히 많아.

심미아스: 정말 맞는 말씀입니다.

소크라테스: 그러나 우리는 이미 영혼이 화음 같은 것이라면 영혼을 구성하는 현(絃)들의 장력과 이완, 진동 등의 작용과 일치하지 않는 음을 절대로 내지 못한다는 점을 인정하지 않았는가? 그러면 영혼은 그런 요소들을 오직 뒤따르기만 하고 앞서서 이끌지는 못하지 않는가?

심미아스: 그렇습니다. 확실히, 우리는 그 점을 인정했습니다.

소크라테스: 그런데 영혼이 그와 정반대의 일을 하고 있다는 것이 지금 발견되지 않는가? 말하자면, 영혼이 영혼을 구성하는 것으로 믿어지는 요소들을 이끌고 있는 것이 확인되지 않았는가? 영혼이 평생에 걸쳐 거의 언제나 온갖 방법을 동원하며 그 요소들을 억압하고 반대하지 않는가? 그러면서 영혼은 가끔은 의학이나 체육에 근거한 고통스런 과정을 통해서 보다 폭력적으로, 또 가끔은 협박하고 훈계하는 방법으로 부드럽게 욕망과 열정과 두려움을 협박하고 질책한다네. 이때 영혼이 하는 모습을 보면 마치 욕망이나 열정, 두려움이 영혼과 별개의 실체인 것처럼 말을 건다네. 호메로스(Homeros)[81]가 '오디세이아'에서 오디세우스의 행동을 표현하고 있는 그대로라네.

그는 가슴을 치며 자기 마음을 꾸짖었노라.

---

81   고대 그리스의 시인으로 '일리아스'와 '오디세이아'의 저자이다.

"마음아, 참아야 하느니라.

넌 이것보다 더한 것도 참았지 않았는가!"

호메로스가 이런 글을 쓸 때, 그가 영혼이 육체의 성향들을 이끌며 지배하지 않고 그 성향들에게 끌려 다니는 화음 같은 것이라는 믿음을 갖고 있었을까? 영혼이 그 어떤 화음보다 훨씬 더 신성한 것인데 말이네.

심미아스: 소크라테스 선생님, 제우스 신을 걸고 말씀 드리건대, 저는 그렇게 생각하지 않습니다.

소크라테스: 친구야, 영혼이 화음 같은 것이라는 말은 절대로 옳을 수 없네. 그런 인식 자체가 우리뿐만 아니라 신성한 호메로스와도 일치하지 않아.

심미아스: 그렇습니다.

소크라테스: 케베스, 지금까지 자네 출신지인 테바이의 하르모니아 여신[82]을 꽤 잘 달랜 것 같네. 그 여신은 우리에게도 관대했지. 하지만 테바이의 카드모스[83]는 어떤 식으로 달래야 할까?

케베스: 저는 선생님께서 그를 달랠 길을 발견할 것이라고 생각합니다. 선생님께서는 화음에 관한 주장에 대해 전혀 예상하지 못한 방향으로 대답하셨습니다. 심미아스가 고민하고 있던 문제에 대해

82　그리스 신화 속의 조화와 일치의 여신.

83　그리스 신화에 용을 물리치고 테바이를 창건한 페니키아 왕자로 나오는 영웅이다. 그리스인들에게 알파벳을 전한 것으로 여겨진다. 그의 아내가 하르모니아 여신이다. 여기서 테바이의 카드모스라는 표현은 같은 테바이 출신인 케베스가 제시한 반대를 익살스럽게 나타내고 있다.

언급했을 때, 저는 어떤 대답도 가능하지 않을 것이라고 상상했습니다. 따라서 저는 그의 반박이 선생님의 첫 번째 공격을 버텨내지 못했다는 사실을 확인하고는 크게 놀랐습니다. 선생님께서 카드모스라고 부르시는 다른 반박도 비슷한 운명을 겪을 것 같습니다.

소크라테스: 친구야, 그렇지 않다네. 악마의 눈이 내가 하고자 하는 말이 달아나도록 하지 않게, 자만하지 않도록 하게. 그러나 내가 호메로스의 작품 속 영웅들처럼 노력하며 자네의 말이 의미하는 바를 찾는 동안에, 그 악마의 눈은 천상의 존재들의 손아귀에 잡혀 있을 걸세. 자네가 반대하는 내용을 간단히 요약하면 이렇지. 자네는 영혼이 사라질 수 없고 불멸이라는 것을 자네 앞에 증명해 보여주길 원하고 있어. 그리고 죽음 앞에서 대담한 철학자가 자네 눈에는 단지 헛되고 어리석은 확신을 품고 있는 것처럼 보여. 만약 그 철학자가 다른 종류의 삶을 산 사람보다 저승에서 훨씬 더 잘 살아갈 것이라고 믿으면서도 그것을 입증하지 못한다면 말이네.

자네는 영혼의 힘과 신성, 그리고 영혼이 우리가 인간이 되기 전에 이미 존재했다는 것도 반드시 영혼의 불멸성을 암시하지는 않는다고 말하고 있어. 영혼이 오래 살고 또 이전의 상태에서 많은 것을 알고 행했다는 것을 인정하면서도, 영혼이 바로 그 점 때문에 불멸인 것은 아니라고 말하고 있어. 그리고 영혼이 인간의 형태 속으로 들어가는 것이 일종의 질병으로서 분해를 야기할 수도 있다고 말하고 있어. 그러다 보면 삶의 고역이 끝난 뒤에 최종적으로 영혼이 죽음이라 불리는 것으로 종말을 고할 수 있다는 것이 자네 생각이야. 그리고 영혼이 육체 속으로 단 한 번 들어가든 아니면 여러 번 들어가든,

그것은 개인의 두려움에 전혀 아무런 차이를 낳지 않는다고 자네는 말하고 있어. 영혼의 불멸성에 대한 지식이 전혀 없거나 그것에 대해 설명하지 못하는 사람은 분별력을 결여하지 않은 이상 누구나 두려워하지 않을 수 없기 때문이라고 했어.

케베스, 자네가 말하고자 하는 것이 이런 내용 아닌가? 나는 자네가 말한 내용을 일부러 되풀이하고 있네. 우리의 관심을 벗어나는 것이 하나도 없도록 하기 위해서지. 자네가 원한다면, 여기에 무엇이든 보탤 수도 있고 뺄 수도 있어.

케베스: 현재까지는 더하거나 뺄 것이 전혀 없습니다. 선생님께서 저의 뜻을 정확히 나타냈습니다.

소크라테스 선생님께서 잠시 깊은 생각에 잠기는 듯 멈추었다가 마침내 말씀을 시작하셨지요.

소크라테스: 케베스, 자네는 매우 진지한 질문을 제기하고 있군. 생성과 부패의 문제 전반을 두루 건드리고 있으니 말이네. 자네만 괜찮다면, 그 질문과 관련 있는 나 자신의 경험을 전하고 싶네. 만약 내가 하는 말 중 어느 부분이라도 자네의 어려움을 해결하는 데 도움이 된다고 판단된다면, 그것을 그대로 적용할 수 있을 거야.

케베스: 그 문제에 선생님께서 어떻게 말씀하실지 궁금합니다.

소크라테스: 그러면 자네에게 들려주겠네. 케베스, 젊었을 때 나는 자연과학이라 불리는 철학 분야를 알기를 무척 갈망했다네. 자연과학이 나에게는 아주 고상한 목표를 추구하는 것처럼 보였어. 사물

들의 원인을 다루는 학문이었으니까. 어떤 사물이 존재하는 이유를 가르치고 사물이 어떻게 창조되고 파괴되는지를 가르쳤으니, 너무도 당연한 관심이었지. 그래서 나는 언제나 다음과 같은 질문들을 고려하며 갈팡질팡 중심을 잡지 못하고 있었어.

동물들의 성장은 일부 사람들이 말한 바와 같이 냉온(冷溫) 원리가 초래하는 어떤 발효 작용의 결과인가? 우리가 생각하는 데 필요한 요소는 혈액인가, 공기인가, 불인가? 아마 이런 종류의 것들 중에서 생각에 필요한 것은 전혀 없을 거야. 그러나 뇌는 청각과 시각과 후각의 지각 작용을 일으키는 힘일 수 있지. 기억과 의견은 그런 지각 작용들로부터 나올 수 있으며, 과학은 더 이상 작동하지 않고 정지해 있는 기억과 의견에 바탕을 두고 있을 거야. 이어 나는 그런 것들의 쇠퇴를 조사하고, 하늘과 땅의 것들로 나아갔지.

최종적으로 나는, 자네에게 충분히 입증해 보이겠지만, 나 자신이 이런 탐구를 수행할 능력을 전혀 갖추고 있지 않다고 결론을 내렸다네. 이유는 내가 그런 것들에 지나치게 매료되어 있었기 때문이라네. 어느 정도로 깊이 빠졌느냐 하면, 나의 눈이 그 전에 나 자신뿐만 아니라 다른 사람들까지도 내가 꽤 잘 안다고 여겼던 것들을 더 이상 보지 못하게 되었지. 내가 그 전에 자명하다고 생각했던 것을, 말하자면 인간의 성장은 먹고 마시는 행위의 결과라는 것을 망각해 버렸던 거야. 음식의 소화를 통해 살에 살이 보태지고 뼈에 뼈가 보태질 때, 그리고 동일한 특성을 지닌 요소들의 축적이 이뤄질 때마다, 작은 부피가 더 커지고 작은 사람이 더 커지니 말이네. 합리적인 생각 아닌가?

케베스: 예, 그렇다고 생각합니다.

소크라테스: 조금 더 논하도록 하겠네. 나 자신이 큰 것과 작은 것의 의미를 꽤 잘 이해했다고 생각한 적이 있었네. 키가 큰 사람이 키가 작은 사람 옆에 서 있는 것을 볼 때, 나는 키가 큰 사람이 작은 사람보다 머리 하나는 더 크다고 생각했지. 아니면 어느 말이 다른 말보다 더 커 보일 수 있지. 그보다 더 분명한 예를 들자면, 나는 열은 여덟보다 둘 더 많고, 2큐빗[84]은, 2가 1의 2배이니까, 1큐빗보다 배 더 크다는 것을 아는 것 같았네.

케베스: 지금은 그런 것들에 대한 생각이 어떻습니까?

소크라테스: 그것들 중 어느 것이든, 나는 그 원인을 안다고 상상하지 못한다네. 하나에 하나를 더할 때, 원래 있었던 하나가 둘이 되는 것인지, 아니면 서로 합쳐진 두 개의 단위들이 그 합침에 의해서 둘이 되는 것인지 도무지 모르겠으니 말이네. 그 둘을 떼어놓을 때, 어떻게 그 각각이 둘이 아니고 하나인지, 그리고 둘을 한 자리에 모아 놓은 지금, 그것들을 단순히 나란히 놓는 행위가 그것들이 둘이 되는 원인일 수 있는지, 도무지 이해가 되지 않기 때문이네.

그리고 하나를 나누는 것이 어떻게 둘을 만드는 방법이 되는지도 이해할 수 없긴 마찬가지야. 그것이 둘이 되는 원인이 이전의 원인과 정반대인 것으로 드러나기 때문이지. 앞의 예에서 그것들은 서로 가까워지고 더해지면서 둘이 되었지만, 이번에는 그것들이 서로 떨어지고 분리되면서 둘이 되지 않았는가. 나 자신이 하나 또는 그 외의 다른 어떤 것이 생겨나거나 파괴되거나 존재하는 이유를 이해한다

---

84 고대 이집트와 바빌로니아, 이스라엘, 그리스와 로마 등에서 척도로 쓰인, 가운뎃손가락 끝에서 팔꿈치까지의 길이를 말한다.

는 확신을 더 이상 품을 수 없게 되었어. 나는 그런 것들을 전혀 인정하지 않아. 대신에 나는 어쨌든 대안적인 접근 방법을 나름대로 구상하고 있어.

그러다가 어느 날 나는 아낙사고라스의 책을 갖고 있던 누군가로부터 그 책에서 마음이 모든 것의 처리자이고 원인이라는 내용을 읽었다는 말을 들었어. 당시에 나에게는 그런 생각 자체가 큰 놀라움으로, 감탄할 만한 것으로 다가왔지. 그래서 나는 혼자 이렇게 말했다네. 만약 마음이 처리자라면, 그런 마음은 모든 것을 최선의 방향으로 처리할 것이고, 구체적인 것들 각각을 저마다 최선의 자리에 놓을 것이라고. 따라서 누구든지 무엇인가가 발생하거나 사라지거나 존재하고 있는 원인을 발견하기를 원한다면, 그 사람은 어떤 상태의 존재 또는 고통 또는 행위가 바로 그것에 최선인지를 발견할 필요가 있지. 그러므로 이 설명에 따르면, 사람은 자신 또는 다른 사람들에게 최선인 것을 고려하기만 하면 된다는 뜻이네. 그때 그 사람은 당연히 나쁜 것에 대해서도 알게 되지. 최선의 것과 나쁜 것에 관한 지식이 동일한 지식이니까.

그리고 나는 아낙사고라스에게서 내가 갈망했던, 사물들의 본질의 원인을 밝혀줄 스승을 발견했다고 생각하며 기뻐했다네. 그가 가장 먼저 지구가 평평한지 아니면 둥근지에 대해 말해줄 것이라고 상상했지. 그 다음에는 그가 어느 쪽을 주장하든, 지구가 평평하거나 둥근 이유와 그래야만 하는 이유에 대해 설명하고, 이어서 최선의 것의 본질에 대해 가르쳐주고 그것이 최선이라는 점을 보여줄 것이라고 기대했지. 만약 그가 지구가 한가운데에 있다고 말한다면, 그는 그 위치가 최선인 이유를 설명했을 것이고, 나는 제시된 설명에 만족하며 다른 종류의 원인을 기대하지 않았을 걸세.

　나는 이렇게 생각했지. 내가 그에게 가서 해와 달과 별에 대해 질문한다면, 그가 그 천체들의 상대적 속도와 순환, 능동적이거나 수동적인 다양한 양상들에 대해 설명하고, 그것들 모두가 왜 최선인지에 대해 설명할 것이라고. 그가 마음에 대해 그런 것들의 처리자라고 말할 때, 나는 그가 그런 것들의 실제 모습에 대해 설명하며 그 상태가 최선이기 때문이라는 이유 외에 다른 이유를 제시할 것이라고는 상상할 수 없었지. 그가 천체들 각각의 원인과 그 천체들 전체의 원인을 상세하게 설명할 때, 당연히 나는 그가 그것들 각각에게 최선인 것은 무엇이며 그것들 전체에게 최선인 것은 무엇인지를 설명할 것이라고 생각했지. 이런 희망들을 아주 소중하게 간직한 채, 나는 그의 책들을 잡고는 최선의 것과 최악의 것을 알고 싶은 욕망에 최대한 빨리 읽어내려 갔다네.

　도대체 내가 품어서는 안 되는 희망을 품었단 말인가! 실망이 이만저만이 아니었네. 책을 읽으며, 나는 그 철학자가 마음이나 사물들의 질서에 관한 원리 같은 것은 완전히 팽개치고 그 대신에 공기와 에테르, 물, 그리고 다른 별난 것들을 끌어들이고 있다는 사실을 확인했네. 그를 이런 사람과 비교할 수 있을 것 같군. 마음이 소크라테스의 행위들의 원인이라고 두루뭉술하게 시작해 놓고는, 정작 나의 몇 가지 행위의 원인을 세부적으로 설명할 때에는 나의 신체가 뼈와 근육으로 이뤄져 있기 때문에 내가 여기 이렇게 앉아 있다는 것을 보여주려고 하는 사람 말이네. 아마 그 사람은 이렇게 말할 테지.

뼈는 단단하고 그것들을 분리시키는 인대를 갖고 있어. 근육은 유연하고, 뼈를 덮고 있지. 뼈도 살과 피부로 된 외피를 갖고 있어. 뼈들이 근육의 수축 또는 이완에 의해서 관절로부터 들려지기 때문에, 내가 사지를 구부릴 수 있고, 그것이 내가 여기에 굽은 자세로 앉아 있을 수 있는 이유야. 그가 말하는 내용은 대충 그럴 거야.

그 사람은 내가 자네들에게 말하는 행위에 대해서도 비슷하게 설명할 거야. 아마 그 원인을 소리와 공기와 청각으로 돌릴 것이고, 그 사람은 동일한 종류의 원인을 만 개는 족히 제시할 거야. 진정한 원인에 대해 언급해야 한다는 사실은 새까맣게 망각한 채. 진정한 원인은 아테네 시민들이 나에게 유죄 판결을 내리는 것을 적절하다고 판단했고, 따라서 내가 여기 남아서 처벌을 받아들이는 것이 옳다고 생각하기 때문이 아닌가. 나의 근육들과 뼈들은 메가라나 보이오티아로 가는 쪽을 택했을 것으로 생각되거든. 이집트의 개[85]를 걸고 맹세하건대, 만약 나의 근육들과 뼈들이 오직 그것들에게 최선인 것만을 따랐다면, 그리고 내가 감옥을 탈출하지 않고 국가가 강요하는 처벌을 받는 것을 더 훌륭하고 더 고상한 것으로 생각하지 않았다면, 나의 근육들과 뼈들은 메가라나 보이오티아로 갔을 것이네.

틀림없이, 이 모든 것에는 이상하게도 원인과 상황의 혼동이 일어나고 있네. 정말로, 육체의 뼈와 근육들, 그리고 그 외의 다른 부분들이 없으면, 나는 나의 목적을 실행할 수 없다네. 그러나 내가 육체의 그런 부분들 때문에 지금처럼 행동한다고 말하는 것은, 또 마음이

---

85 개의 머리를 가진 이집트 신 아누비스를 뜻한다.

최선의 선택을 바탕으로 작동하지 않고 그런 식으로 작동한다고 말하는 것은 매우 부주의하고 무가치한 유형의 화법이라네.

나는 그런 식으로 말하는 사람들이 원인과 상황을 구분하지 못하는 것은 아닌지 궁금하다네. 대다수의 사람들은 어둠 속에서 이곳저곳 더듬으며 언제나 상황을 오해하며 거기에 엉뚱한 이름을 붙이고 있어. 그래서 어떤 사람은 하늘이 소용돌이처럼 지구 주변을 감싸며 지구를 고정시키고 있다고 말하고, 또 어떤 사람은 널따란 여물통 같은 지구를 떠받치는 버팀목으로 대기(大氣)를 제시하고 있어.

그것들을 그 모습 그대로 최선의 방향으로 배치하는 어떤 힘에 관한 생각은 그런 사람들의 머리에 절대로 떠오르지 않아. 그런 사람들은 그 측면에서 인간을 초월하는 어떤 힘이 있다는 것을 상상하지도 않아. 오히려 그들은 그것들 모두를 에워싸는 일을 더 잘 처리하는, 선한 것보다 더 강하고 더 불멸인 또 다른 아틀라스[86]를 발견하기를 기대한다네. 실은 선한 것과 옳은 것도 속박하고 에워싼다는 생각은 그들에게 절대로 떠오르지 않을 거야. 그럼에도 이것은, 누군가가 나에게 가르치려 한다면, 내가 기꺼이 배우려 들 원리라네.

그러나 내가 최선의 것의 본질을 직접 발견하는 데 실패했을 뿐만 아니라 다른 사람으로부터 배우는 데도 실패했기 때문에, 자네들이 원한다면, 나 자신이 원인을 탐구하는 차선의 방법이라고 판단하는 것을 보여줄까 하네.

케베스: 듣고 싶은 마음 간절합니다.

86　많은 신들에게 반항한 데 대한 벌로서 평생 하늘을 어깨에 메고 있어야 하는 운명에 처한 거인이다.

소크라테스: 사물들의 진정한 본질을 파악하는 데 실패했기 때문에, 나는 일식이 일어나는 동안에 태양을 맨눈으로 보며 그 현상을 관찰하는 사람의 운명을 겪지 않도록 조심해야 한다고 생각했어. 자네도 알다시피, 그런 사람들 중 일부는 물이나 그와 비슷한 다른 매체에 비친 태양의 이미지를 보지 않고 직접 태양을 보다가 자신의 눈을 파괴하고 말아. 나도 그와 비슷한 것을 깨닫게 되었어. 만약 내가 사물들을 나의 눈으로 보거나 감각의 도움으로 이해하려 한다면, 나의 영혼이 완전히 앞을 보지 못하게 되지 않을까 걱정되었지. 그래서 나는 논증에 의지하고, 그런 방법으로 사물들의 진리를 추구하는 것이 더 낫겠다고 판단했다네. 감히 말하건대, 이 비유는 완벽하지 않아. 왜냐하면 나 자신이 논증을 통해서 사물들의 본질을 공부하는 사람이 현실 속에서 작용하고 있는 사물들을 직접 관찰하며 그것들의 본질을 공부하는 사람에 비해 사물들을 "유리 같은 것을 통해 흐릿하게" 본다는 점을 결코 인정하지 않기 때문이라네.

어쨌든 내가 채택한 방법은 이랬다네. 먼저, 가장 강력하다고 판단되는 어떤 원리를 가정했으며, 그 다음에 이 원리와 일치하는 것처럼 보이면 무엇이든, 원인과 관련 있는 것이든 그 외의 다른 것과 관련 있는 것이든, 진리라고 단언하고, 그것과 일치하지 않는 것이면 무엇이든 진리가 아니라고 단언했어. 나의 뜻을 더 분명하게 설명하고 싶군. 자네가 아직 나를 이해하지 못하는 것 같으니 말이네.

케베스: 맞습니다. 완전히 이해하지 못했습니다.

소크라테스: 지금 자네한테 말하려는 내용 중에 새로운 것은 하나도 없어. 이전의 토론은 물론이고, 언제 어디서나 늘 반복되고 있

는 내용이야. 나의 사고를 사로잡았던 그 원인의 본질에 대해 자네한테 들려주고 싶군. 그러기 위해서 나는 모든 사람이 흔히 쓰는 단어들로 돌아가서, 무엇보다 먼저, 절대 미(美)와 절대 선(善) 같은 것이 있다고 단정해야 하네. 그렇게 단정하는 것이 나에게 허용된다면, 원인의 본질을 보여주고 영혼의 불멸성을 증명할 수 있을 것 같네.

케베스: 지금 당장 증명에 들어가셨으면 합니다.

소크라테스: 좋아, 그렇다면 그 같은 허용의 결과들을 고려하고, 그 결과들이 자네에게나 나에게나 똑같은 것으로 보이는지를 확인하도록 하세. 만약 절대 미(美) 외에 다른 것도 아름답다면, 나는 그것이 다른 이유에서가 아니라 단지 절대 미를 어느 정도 공유하고 있기 때문에 아름다울 수 있다고 생각하지 않을 수 없어. 모든 것에 대해 나는 이런 식으로 말해야 하네. 자네도 이런 종류의 원인을 받아들이는가?

케베스: 예, 받아들입니다.

소크라테스: 나는 똑똑하다는 사람들이 증거도 없이 제시하는 원인에 대해서는 아는 바가 전혀 없고 그것을 이해하지도 못해. 만약 어떤 사람이 색깔의 빛남이나 형태, 또는 그런 종류의 다른 어떤 것이 아름다움의 원천이라고 나에게 말한다면, 나는 혼란스럽기만 한 그 모든 것을 그냥 무시하고, 혼자서 단순하게, 그리고 아마 바보스럽게, 그 어떤 것도 절대 미를 어떤 방식으로든 어느 정도 띠지 않고는 아름다울 수 없다는 의견을 견지한다네.

사물이 아름다움을 띠는 방식에 대해서는 나도 확신하지 못하지만, 나는 모든 아름다운 사물들이 아름다움에 의해서 아름다워진다는 주장을 강력히 펴고 있어. 나에게는 그것이 나 자신에게나 다른 사람들에게나 똑같이 안전하게 제시할 수 있는 유일한 대답이라네. 나는 뒤집어지는 일이 절대로 없을 것이라고 확신하면서 그 대답을 고수하고 있어. 아름다운 것들은 아름다움에 의해서 아름다워진다네. 자네는 동의하지 않는가?

케베스: 동의합니다.

소크라테스: 그리고 큰 것들은 오직 큼에 의해서 크고 더욱 큰 것들은 큼에 의해서 더욱 크고, 작은 것은 작음에 의해서 작은가?

케베스: 그렇습니다.

소크라테스: 그렇다면, 만약 어떤 사람이 A는 B보다 머리 하나만큼 더 크고 B는 A보다 머리 하나만큼 더 작다고 말한다면, 자네는 그 말을 인정하길 거부하고, 키가 큰 것은 큼에 의해서 더 크고 키가 작은 것은 작음에 의해서 더 작다고 단호히 주장할 것이네. 그러면 자네는 키가 더 크거나 더 작은 것이 모두 동일한 머리만큼 크거나 작다고 말하는 위험을 피할 것이며, 아울러 키가 큰 사람이 자그마한 머리 때문에 더 크다고 짐작하는 괴상한 부조리도 피할 수 있을 것이네. 자네는 그런 것이 두렵지 않은가?

케베스: (웃으면서) 당연히 그런 것을 피해야 하지요.

소크라테스: 마찬가지로, 자네는 열은 둘 때문에 여덟을 능가하는 것이 아니라 수(數) 때문에 능가한다고 말해야 하지 않을까? 혹은 2큐빗은 1큐빗보다 그 반(半) 때문에 더 큰 것이 아니라, 크기 때문에 더 크다고 말해야 하지 않을까? 두 경우 모두에 똑같은 위험이 도사리고 있으니까.

케베스: 정말 옳은 말씀입니다.

소크라테스: 다시, 자네는 하나에 하나를 더하거나 하나를 나누는 것이 둘의 원인이라고 단언하지 않도록 조심해야 하지 않겠나? 그리고 자네는 어떤 것이든 자체의 고유한 본질을 띠는 경우가 아니고 존재할 수 있는 길에 대해서는 아는 바가 전혀 없다고, 따라서 자네가 아는 한, 둘의 유일한 원인은 이중성에 참여하는 것에 있다고 큰소리로 단언할 것이네. 그것이 둘을 만드는 방법이고, 하나에 참여하는 것이 하나를 만드는 방법이지. 그러나 자네는 나누기와 더하기와 그런 종류의 다른 복잡한 문제들에 대한 대답을 제시하는 일을 자네보다 더 똑똑한 사람들에게 넘기고 그것들을 무시할 것이네. 대신에 자네는 경험이 없어서 속담처럼 자신의 그림자에도 놀라기 때문에 그 안전한 법칙을 고수하며 그것에 근거하여 대답할 것이네. 그 대목에서 누군가가 자네를 공격한다면, 그 법칙에서 나온 결과들이 자네의 판단에 서로 조화를 이루는지 여부가 확인될 때까지, 자네는 그 사람을 무시하거나 그 사람에게 대꾸하지 않을 걸세. 이 법칙 자체에 대한 설명이 필요할 때, 자네는 그것보다 더 높은 법칙을, 다음에는 그보다 더 높은 법칙들 중에서 가장 훌륭한 것을 제시할 것이네. 그러다 보면 자네는 결국에는 적절한 무엇인가를 발견하게 될 것이네.

그러나 적어도 사물들의 본질을 진정으로 발견하기를 원한다면, 자네는 논쟁을 일삼는 사람들과 달리 그 법칙과 그것의 결과들을 동시에 논함으로써 문제들을 혼동하지는 않아야 할 걸세. 논쟁을 일삼는 사람들은 그런 혼동 따위에는 양심의 가책을 전혀 느끼지 않고 신경도 쓰지 않아. 그들은 자신의 생각이 아무리 뒤죽박죽 뒤엉켜도 꽤 만족하는 재주를 가진 사람들이야. 그러나 만약 자네가 진정으로 지혜를 사랑하는 사람들에 속한다면, 자네는 내가 말한 바와 같이 할 것이라고 나는 믿네.

심미아스와 케베스: (동시에 웃으면서) 지당하신 말씀입니다.

에케크라테스: 그랬군요, 파이돈. 나는 그들이 소크라테스 선생님의 견해에 동의했다는 데 대해 조금도 이상하게 생각하지 않습니다. 분별력이 약간이라도 있는 사람이라면 누구나 선생님의 추론의 놀라운 명료함을 인정하게 되어 있지요.

파이돈: 물론이지요, 에케크라테스. 당시 거기 모인 사람들의 감정이 전부 그랬습니다.

에케크라테스: 그 자리에 있지는 않았지만, 지금 당신의 상세한 설명을 듣고 있는 우리도 마찬가지입니다. 그 다음에는 무슨 일이 있었습니까?

파이돈: 이 모든 것에 대한 인정이 있은 뒤에, 그들은 이데아가 존재한다는 데 대해 동의했습니다. 그리고 이데아에서 이름이 비롯된 다른 것도 그 이데아의 성격을 띤다는 점에 대해서도 동의가 있었습니다. 나의 기억이 정확하다면, 소크라테스 선생님께서 이렇게 말씀하셨습니다.

소크라테스: 자네가 그런 식으로 문제를 묘사하며, 심미아스는 소크라테스보다 크고 파이돈보다 작다고 말할 때, 자네는 심미아스에게 큼과 작음 둘 다가 있다고 말하지 않는가?

케베스: 예, 그렇습니다.

소크라테스: 그래도 자네는 심미아스가 심미아스라서 소크라테스를 능가하는 것이 아니라 그가 갖게 된 신체적 크기 때문에 소크라테스를 능가한다는 것을 인정하는가? 심미아스가 소크라테스를 능가하는 것은 소크라테스가 소크라테스라서 그런 것이 아니라 소크라테스가 심미아스의 큼에 비해 작음을 갖고 있기 때문인 것과 똑같이 말이네.

케베스: 맞는 말씀입니다.

소크라테스: 또 심미아스가 파이돈보다 키가 작은 이유는 파이돈이 파이돈이라서가 아니라, 파이돈이 심미아스의 작음에 비해 큼을 가졌기 때문이라네.

케베스: 맞습니다.

소크라테스: 그렇다면 심미아스는 이런 식으로 큰 것과도 연결되고 작은 것과도 연결된다네. 심미아스가 소크라테스와 파이돈의 중간에 해당하기 때문이지. 심미아스는 자신의 큼에 의해서 한 사람의 작음을 능가하고 다른 한 사람의 큼이 자신의 작음을 능가하는 것을 허용한다네. (웃음을 지으며) 내가 마치 법률 문서처럼 말하고 있는 것 같지만, 어쨌든 그 상황은 정확히 내가 묘사한 대로야.

심미아스: 맞는 말씀입니다.

소크라테스: 내가 이렇게 말하는 이유는 자네가 나와 같은 의견을 품기를 바라기 때문이야. 절대적인 큼은 동시에 크기도 하고 작기도 할 수 없을 뿐만 아니라, 작음을 절대로 인정하지 않고 추월당하는 것도 절대로 인정하지 않을 것이라고 나는 생각해. 대신에, 아

마 다음에 말하는 두 가지 중 하나가 일어날 것이네. 큼이 정반대인 작음이 접근할 때마다 그 자리를 떠나며 철수하거나, 작음이 도착하자마자 사라져버릴 거야. 그러나 큼은 빈둥거리며 기다렸다가 작음을 인정함으로써 원래의 모습과 달라지는 것에는 절대로 동의하지 않을 거야. 나도 심미아스에 비해 작다는 점을 받아들이고 인정해도 나의 모습 그대로이고, 똑같이 작은 사람으로 남듯이 말이네. 그리고 큼이라는 이데아가 스스로를 낮추며 작은 것이 될 수 없듯이, 우리 안의 작음도 마찬가지로 큼이 될 수 없어. 언제나 똑같은 모습으로 남는 다른 상반된 것들도 마찬가지로 정반대의 것이 될 수 없으며, 그런 상황에서 정반대의 것은 떠나거나 사라져 버린다네.

케베스: 저의 생각도 그렇습니다.

이 대목에서, 그 자리에 있던 일행 중 한 사람이, 누군지는 정확히 기억나지 않지만, 이 말을 듣고 이렇게 말하더군요.

"하늘을 걸고 맹세하건대, 이것은 우리가 앞에서 인정한 내용과 정반대가 아닙니까? 큰 것에서 작은 것이 나오고, 작은 것에서 큰 것이 나오고, 상반된 것들은 바로 정반대의 것에서 생겨난다고 했는데, 지금 그런 생각이 전적으로 부정당하는 것처럼 보이니 말입니다."

소크라테스 선생님께서 이 말을 하는 사람 쪽으로 머리를 기울이시며 경청하시다가 말씀하시더군요.

소크라테스: 그 점을 상기시키는 자네의 용기가 참으로 가상하네. 그러나 자네는 지금 우리가 말하고 있는 내용과 그때 말한 내용 사이

에 차이가 있다는 사실을 관찰하지 않았어. 그때 우리는 상반된 것은 그것과 정반대인 것에서 생겨난다고 말했지. 지금은 상반된 것 그 자체는, 우리 안에 있는 것이든 자연 속에 있는 것이든, 자신에게 절대로 반대하지 않을 것이라고 말하고 있어. 친구야, 그때 우리는 정반대의 것이 안에 내재해 있고 그 정반대의 것에 따라서 이름이 지어진 사물들에 대해 논했어. 반면에 지금은 상반된 것들 그 자체에 대해 논하고 있어. 본질적으로 정반대인 것은 우리가 주장하는 바와 같이 서로로부터 생겨나거나 서로로 변하는 것을 절대로 허용하지 않을 걸세.

이어 케베스 쪽으로 몸을 돌리면서, 소크라테스 선생님께서 말씀하셨지요.

소크라테스: 케베스, 자네도 이 친구의 반대에 당황했는가?

케베스: 저의 감정은 그렇지 않았지만, 당황할 수 있겠다는 점을 부정하지는 못하겠습니다.

소크라테스: 그렇다면 본질적으로 상반된 것은 어떤 경우에도 자체에 절대로 반대하지 않을 것이라는 데 의견의 일치가 이뤄졌는가?

케베스: 그 점에는 꽤 합의가 이뤄졌습니다.

소크라테스: 그럼에도, 자네에게 그 문제를 다른 관점에서 고려할 것을 부탁하고, 그렇게 한 뒤에도 나의 의견에 동의하는지 여부를 묻고 싶네. 세상에 온기(溫氣)라 불리는 것이 있고 냉기(冷氣)라 불리는 것이 있는가?

케베스: 당연히 있습니다.

소크라테스: 그것들은 불과 눈과 동일한가?

케베스: 절대로 그렇지 않습니다.

소크라테스: 온기는 불과 다른 그 무엇이고, 냉기는 눈과 다른 그 무엇인가?

케베스: 네, 그렇습니다.

소크라테스: 그렇다면 자네는 틀림없이 이 점을 인정할 걸세. 앞에서 말한 바와 같이, 눈이 온기의 영향을 받을 때, 눈과 온기는 눈과 온기로 남지 않고, 온기가 접근함에 따라, 눈이 물러나거나 사라지지 않는가?

케베스: 그렇습니다.

소크라테스: 그리고 불도 냉기가 접근해 오면 물러나거나 사라질 것이네. 불이 냉기의 영향을 받게 될 때, 불과 냉기도 그대로 남지 못하기 때문이지.

케베스: 맞습니다.

소크라테스: 그리고 일부 예들에서, 이데아의 이름이 그 이데아에만 국한되지 않고, 이데아가 아닌 까닭에 오직 이데아의 형태로만 존재하는 다른 것도 이데아라는 이름을 주장할 수 있다네. 예를 들며 이 점을 더욱 명료하게 보여주도록 하겠네. 홀수는 언제나 홀수라는 이름으로 불리는가?

케베스: 그렇습니다.

소크라테스: 그러나 홀수가 홀수라는 이름으로 불리는 유일한 것인가? 자체 이름을 갖고 있으면서도, 본래부터 홀수의 성격을 결여한 적이 없다는 이유로 홀수로 불리는 것은 없는가? 내가 묻고 싶은

것은 바로 이것이라네. 예를 들어, 숫자 3과 그 외의 많은 숫자들이 어떤 식으로 규정되는지에 대해 말하고 있다네.

숫자 3에 대해 생각해 보세. 자네는 이 숫자를 고유의 이름으로 부름과 동시에 홀수라고 불러야 하지 않는가? 비록 홀수가 숫자 3과 동일하지 않음에도 말이네. 3뿐만 아니라 5에 대해서도, 그리고 모든 숫자들 중 반에 대해서도 그렇게 말할 수 있어. 이 숫자들은 홀수와 동일하지 않음에도, 그 숫자들 각각은 홀수라네. 마찬가지로, 2와 4, 그리고 하나 건너 모든 숫자들도 짝수라는 이데아 자체는 아니지만 짝수라네. 자네는 그 점을 인정하는가?

케베스: 어떻게 그 점을 부정할 수 있겠습니까?

소크라테스: 그렇다면 내가 자네에게 보여 주고자 하는 것을 말할테니, 유의해서 잘 듣길 바라네. 본질적으로 상반된 것들도 서로를 인정하지 않을 뿐만 아니라, 원래 서로 대립하지 않으면서 언제나 상반된 것을 포함하고 있는 구체적인 것들도 자신이 포함하고 있는 그 이데아와 반대되는 이데아를 인정하지 않는 것 같다네. 반대되는 이데아가 접근해 올 때, 그것들은 차라리 사라지거나 물러나고 말아. 숫자 3은 여전히 3이라는 이유로 얼쩡거리며 기다렸다가 짝수가 되는 것보다 차라리 사라지거나 다른 운명을 택하려 하지 않겠는가?

케베스: 틀림없이 그럴 것입니다.

소크라테스: 그래도 숫자 2가 숫자 3의 반대는 분명히 아니지 않는가?

케베스: 분명히 아니지요.

소크라테스: 그렇다면 상반되는 이데아들만 서로의 접근을 물리

치는 것이 아니라, 정반대의 것을 물리치는 다른 것들도 있다는 말이로군.

케베스: 맞는 말씀입니다.

소크라테스: 가능하다면, 그 다른 것들이 무엇인지 밝히도록 노력해 보세.

케베스: 알겠습니다.

소크라테스: 케베스, 그것들은 자신이 붙잡는 모든 것들에게 자신의 형태를 강요할 뿐만 아니라, 추가적으로 반대되는 것의 형태까지 취하도록 강요하지 않는가?

케베스: 무슨 말씀이신지요?

소크라테스: 방금 말했기에, 다시 되풀이할 필요가 없을 것 같은데. 숫자 3이 취하는 형태가 어떠하든, 그것은 셋일 뿐만 아니라 홀수임에 틀림없다는 뜻이네.

케베스: 옳은 말씀입니다.

소크라테스: 숫자 3이 갖는 홀수의 특성을 정반대의 이데아가 절대로 침범하지 않는가?

케베스: 침범하지 않습니다.

소크라테스: 이 특성은 홀수의 원리에 의해 주어지는 것인가?

케베스: 그렇습니다.

소크라테스: 짝수는 홀수의 반대인가?

케베스: 그렇습니다.

소크라테스: 그러면 짝수 이데아는 절대로 3에 닿지 않는가?

케베스: 그런 일은 절대로 없습니다.

소크라테스: 그렇다면 3은 짝수에 전혀 관여하지 않는가?

케베스: 전혀 역할이 없습니다.

소크라테스: 그러면 숫자 3은 홀수인가?

케베스: 당연한 말씀입니다.

소크라테스: 여기서, 서로 상반되는 것이 아니면서도 반대되는 것을 인정하지 않는 것들을 규정하도록 하세. 예를 들면, 숫자 3은 짝수에 반대하지 않으면서도 짝수를 조금도 허용하지 않아. 3은 언제나 짝수가 반대편에 서도록 강요하고, 숫자 2는 홀수가 반대편에 서도록 강요하고, 불은 냉기가 반대편에 서도록 강요한다네. 이런 예들은 무수히 많아. 이제 그것들이 이런 식으로 규정될 수 있는지 결정하도록 하세. 상반된 것만이 자신과 반대인 것을 인정하지 않는 것이 아니라, 접근하는 것마다 그것에게 어떤 반대를 강요하는 것도 있다네. 이때 반대를 강요하는 그것 자체는 강요하고 있는 것과 반대인 것을 절대로 인정하지 않을 것이네.

여기서 다시 요약하도록 하세. 반복한다고 해서 문제될 것은 하나도 없으니까. 숫자 5는 짝수의 본질을 인정하지 않을 것이고, 5의 2배수인 10은 홀수의 본질을 허용하지 않을 거야. 배수는 엄격히 말해 홀수의 반대가 아닌데도 모든 홀수를 거부해. $1\frac{1}{2}$과 $\frac{1}{2}$, $\frac{1}{3}$ 같은 분수도 정수(整數)의 개념과 반대가 아님에도 불구하고 정수 개념을 절대로 허용하지 않을 거야. 자네도 이 말에 동의하겠지?

케베스: 전적으로 동의하고, 선생님의 설명을 따르겠습니다.

소크라테스: 그럼 다시 시작하겠네. 지금 내가 제기하려는 질문에 대해 자네가 케케묵은 안전한 대답이 아니라 그런 것과 다른 대답을

해 줬으면 좋겠네. 내가 원하는 대답이 어떤 것인지, 예를 들어 보여 주겠네. 지금까지 말한 내용에서 자네가 똑같이 안전한 또 다른 토대를 발견했을 것으로 기대하고 있어. 만약 누군가가 자네에게 "몸 안에 내재하면서 몸을 따뜻하게 만드는 속성을 지닌 것이 무엇인가?"라고 묻는다면, 자네는 온기(이것이 내가 안전하고 어리석은 대답이라고 부르는 거야)라고 대답할 것이 아니라, 불이라고 대답해 줬으면 좋겠다는 뜻이네. 이것이 훨씬 더 훌륭한 대답이고, 우리는 지금 그런 대답을 제시할 수 있는 수준에 이르렀네.

혹은 누군가가 자네에게 "왜 몸이 병에 걸리는가?"라고 묻는다면, 자네는 질병 때문이라고 대답할 것이 아니라 열 때문이라고 대답해야 할 걸세. 또 자네는 2로 나눠서 떨어지지 않는 성격이 홀수의 원인이라고 말할 것이 아니라, 단위가 홀수의 원인이라고 말해야 할 걸세. 다른 예들에 대해서도 그렇게 말할 수 있어. 이 단계에서 자네가 나의 뜻을 적절히 이해했는지 알고 싶군.

케베스: 선생님께서 하시는 말씀 잘 이해하고 있습니다.

소크라테스: 그렇다면 이 질문에 대답해 보게. 무엇이 내재하고 있기에 육체가 살아 있는가?

케베스: 영혼이 있어서 그렇습니다.

소크라테스: 언제나 그런가?

케베스: 물론입니다.

소크라테스: 그렇다면 영혼은 붙잡는 모든 것들에게 생명을 불어넣는가?

케베스: 틀림없습니다.

소크라테스: 삶과 반대인 것이 있는가?

케베스: 있습니다.

소크라테스: 뭔가?

케베스: 죽음입니다.

소크라테스: 그렇다면 영혼은, 이미 인정한 바와 같이, 자신이 갖고 오는 것과 반대인 것은 절대로 받아들이지 않을 거야. 그리고 짝수를 물리치는 그 원리를 무엇이라고 불렀지?

케베스: 홀수입니다.

소크라테스: 그리고 음조가 아름다운 것이나 정의로운 것을 물리치는 원리는 무엇이라고 부르는가?

케베스: 음조의 부조화라고 부르고, 부정(不正)이라고 부릅니다.

소크라테스: 그리고 죽음을 인정하지 않는 원리를 무엇이라고 부르는가?

케베스: 불멸이라고 부릅니다.

소크라테스: 영혼은 죽음을 인정하는가?

케베스: 아닙니다.

소크라테스: 그렇다면 영혼은 불멸인가?

케베스: 그렇습니다.

소크라테스: 그러면 영혼이 불멸이란 것은 증명된 것으로 여겨도 되겠는가?

케베스: 예, 소크라테스 선생님, 충분히 입증되었습니다.

소크라테스: 이것은 어떤가? 홀수가 사라질 수 없다는 점을 고려한다면, 숫자 3도 사라질 수 없어야 하지 않는가?

케베스: 당연합니다.

소크라테스: 만약 차가운 것이 사라질 수 없다면, 온기의 원리가 눈(雪)을 공격해 올 때, 눈은 완전히 물러나며 녹는 일이 없어야 하지 않는가? 냉기가 절대로 사라질 수도 없고, 그것이 남아서 열기를 인정할 수도 없으니 말일세.

케베스: 옳은 말씀입니다.

소크라테스: 다시, 만약에 온기가 사라질 수 없는 것이라면, 불은 냉기의 공격을 받을 때 사라지거나 꺼지는 것이 아니라 영향을 받지 않은 채 어디론가 가버려야 하지 않는가?

케베스: 틀림없이 그렇습니다.

소크라테스: 그리고 불멸인 것에 대해서도 똑같이 말할 수 있을 거야. 만약 불멸인 것이 사라질 수 없다면, 영혼이 죽음의 공격을 받을 때 사라질 수 없을 것이네. 앞의 논증이 보여주듯이, 영혼이 죽음을 절대로 허락하지 않거나 죽지 않을 것이기 때문이네. 그것은 3이나 홀수가 짝수를 허용하지 않거나, 불 또는 불 속의 열기가 냉기를 허용하지 않는 것이나 똑같다네.

이렇게 말하다 보면 이런 질문이 제기될 수 있지. "하지만 홀수가 짝수의 접근 앞에서 짝수가 되지는 않을지라도, 홀수가 사라지는데도 짝수가 홀수의 자리를 차지하지 않는 이유는 뭡니까?" 지금 이런 식으로 이의를 제기하는 사람에게, 우리는 홀수의 원리가 사라질 수 없다고 대답하지 못하네. 그 사람이 그것을 인정하지 않을 테니까.

그러나 만약 그 점이 인정을 받는다면, 짝수의 접근에도 홀수의 원리와 숫자 3이 어디론가 떠난다고 주장하는 데 전혀 어려움이 없을 걸세. 불과 열을 포함해 다른 것에도 동일한 주장이 가능하네.

케베스: 정말 옳은 말씀입니다.

소크라테스: 불멸인 것에 대해서도 똑같이 말할 수 있을 거야. 만약 불멸인 것도 사라질 수 없다면, 영혼도 불멸일 뿐만 아니라 사라지지 않을 걸세. 그러나 만약 불멸인 것이 사라질 수 있다면, 영혼의 사라질 수 없음을 뒷받침하는 다른 증거가 제시되어야 할 걸세.

케베스: 다른 증거는 전혀 필요하지 않습니다. 만약 불멸인 것이 영원한 데도 사라질 수 있다면, 사라질 수 없는 것은 하나도 없을 것입니다.

소크라테스: 맞아, 신과 생명의 본질적인 형태, 그리고 일반적으로 불멸인 것은 절대로 사라지지 않는다는 점에 모든 인간은 동의할 걸세.

케베스: 맞습니다. 모든 인간은 그 점에 동의할 것입니다. 더욱이, 제가 잘못 알고 있지 않다면, 신들도 동의할 것입니다.

소크라테스: 불멸인 것은 파괴 불가능하다는 점을 고려한다면, 영혼도 불멸이라면 마찬가지로 사라질 수 없어야 하지 않는가?

케베스: 틀림없이 옳은 말씀입니다.

소크라테스: 그렇다면 죽음이 어떤 사람을 공격할 때, 그 사람 중에서 죽을 운명을 타고난 부분은 죽지만, 불멸인 부분은 죽음의 길에서 빠져나와서 안전하고 건전하게 지켜지는가?

케베스: 그렇습니다.

소크라테스: 케베스야, 그렇다면 영혼은 확실히 불멸이고 사라지지 않으며, 우리의 영혼은 다른 세상에서 진정으로 존재하게 된다는

말이로군!

케베스: 선생님, 거기에 반대할 것은 하나도 없다고 확신합니다. 그러나 나의 친구 심미아스나 다른 누군가가 추가로 반대할 것이 있으면, 침묵을 지킬 것이 아니라 반대하는 내용을 밝히는 것이 바람직할 것 같습니다. 혹시 하고 싶은 말이 있으면 꼭 해야 합니다. 토론을 늦출 수 있는 상황이 아닙니다.

심미아스: 저는 더 이상 할 말이 없습니다. 주제의 거창함과 인간의 허약함으로 인해 자연스럽게 비롯되는 것을 제외하고는, 불확실성이 남을 여지가 전혀 없습니다. 그런 불확실성을 느끼는 거야 저로서도 어쩔 수 없지 않겠습니까.

소크라테스: 알았네, 심미아스야. 옳은 말이야. 확실해 보이는 제1원리조차도 세심하게 검증해야 하는 법이라네. 자네가 제1원리를 적절히 분석한다면, 논증 과정을 누구나 따를 수 있을 정도로 최대한 정확하게 밟을 것이라고 나는 생각하네. 만약 그 논증이 명확하다면, 추가적으로 조사할 필요는 전혀 없을 걸세.

심미아스: 예, 맞는 말씀입니다.

소크라테스: 그러나 친구들아, 만약 영혼이 정말로 불멸이라면, 시간 중에서 우리가 삶이라고 부르는 그 부분뿐만 아니라 영원의 측면에서도 영혼에 신경을 써야 하지 않겠는가! 이런 관점에서 본다면 영혼을 무시하는 데 따를 수 있는 위험은 정말 무서워! 만약 죽음이 단순히 모든 것의 끝이기만 하다면, 사악한 인간들은 죽으면서 정말 멋진 거래를 하게 될 걸세. 그들이 자신의 영혼과 함께 자신의 육체뿐만 아니라 자신의 악으로부터도 홀가분한 마음으로 떠나게 될 테

니까. 그러나 지금 영혼이 너무나 확실하게 불멸인 것처럼 보이기 때문에, 최고의 미덕과 지혜에 이르지 않고는 악으로부터 벗어나거나 해방되는 일은 절대로 있을 수 없다네. 영혼이 저승으로 다가갈 때 양육과 교육 외에는 아무것도 갖고 가지 않기 때문이지. 죽은 사람이 저승으로 여정을 떠나는 시점에, 이 양육과 교육이 그 사람에게 아주 유리하게 작용하기도 하고 아주 불리하게 작용하기도 한다네.

사람들이 흔히 말하듯이, 사람이 죽은 뒤에, 살아생전에 각 개인을 지켰던 수호신이 어느 지점까지 안내하는데, 그곳이 바로 죽은 자들이 심판을 받기 위해 모이는 곳이라네. 거기서 죽은 자들은 이승에서 저승으로 이끌도록 정해진 안내인을 따르며 저승으로 들어간다네. 그들이 그곳에서 심판에 따라 받을 것을 받고 치를 것을 치르며 각자의 시간에 따라 지내고 있으면, 오랜 세월이 흐르고 흐른 뒤에 다른 안내자가 나타나 그들을 이승으로 다시 데려 온다네.

저세상으로 가는 여정은, 아이스킬로스(Aeschylus)[87]가 '텔레포스'(Telephus)에서 말하는 바와 같이, 단 한 개의 곧은길이 아니야. 그 길이 쭉 곧다면, 안내자가 전혀 필요하지 않을 걸세. 외길을 잃어버릴 사람은 없을 테니까. 이 땅에서 3개의 길이 만나는 곳에서 지하의 신들에게 제물을 바치는 의식을 치른다는 것을 근거로, 나는 그렇게 추론하지 않을 수 없네.

현명하고 규율 바른 영혼은 상황을 잘 알고 길을 따르는 반면에, 육체의 욕망에 사로잡힌 영혼은, 앞에서 말한 바와 같이, 육체의 주

87　고대 그리스의 대표적인 비극 작가(B.C. 525?-B.C. 456?).

변과 눈에 보이는 영역의 주변을 오랫동안 서성인다네. 그런 영혼은 많이 저항하고 엄청난 고뇌를 겪은 뒤에야 자신의 수호신에 의해 강제로 떠나게 된다네. 부당한 살인이나 그와 비슷한 다양한 행위를 저지른 탓에 정화되지 않은 채 그런 식으로 행동하는 그 영혼은 이제 다른 영혼들이 있는 곳에 도착하네. 그러나 그곳의 모든 영혼들이 그 영혼을 외면하고 멀리하며 그 영혼의 안내자나 동행이 되려 하지 않아. 그러면 그 영혼은 대단히 곤혹스러워하며 일정 시간이 지날 때까지 떠돌 것이네. 그 기간이 지난 뒤, 그 영혼은 당연히 자신에게 걸맞은 거처에서 태어난다네. 그러나 평소에 신들과 동행하며 신들의 지도 아래에 삶을 성실하게 살았던 순수하고 정의로운 영혼은 모두 적절한 영역에서 존재하게 되네.

이번에 누군가가 지구의 영역들이 다양하고 경이롭다는 점을, 그리고 지구는 일상적으로 지구를 묘사하는 사람들이 단정하는 것과는 매우 다른 특성이나 범위를 갖고 있다는 점을 나에게 설득시켰다네.

심미아스: 소크라테스 선생님, 그건 무슨 뜻입니까? 지구에 대해 자주 들었습니다만, 선생님을 납득시킨 그 설명에 대해서는 들어보지 못했습니다. 그것에 대해 알고 싶습니다.

소크라테스: 심미아스, 그것에 대해 상세하게 설명하는 데는 글라우코스(Glaucus)의 기술[88]이 필요하지 않아. 그러나 그것이 사실이라

---

88 글라우코스는 고대 그리스의 유명한 금속 조각가로, 은(銀) 크라테르(포도주와 물을 섞는 데 쓰인 단지)를 놓는 데 쓰는 받침대로 유명했다. 헤로도토스(Herodotus)에 따르면, 그 받침대가 리디아의 왕 알리아테스(Alyattes)에 의해 델피의 신탁에 바쳐졌다. '글라우코스의 기술'은 어려운 문제를 해결할 수 있는 기술이라는 뜻으로 쓰였다.

는 점을 보여주는 것은 글라우코스의 기술로도 안 될 것 같네. 게다가, 아마 나는 그것을 증명하지 못할 걸세. 혹여 내가 그런 지식을 갖고 있다 할지라도, 심미아스야, 나의 목숨이 지금 그런 긴 담론을 펼치기에는 충분하지 않아. 그럼에도 내가 지구의 형태와 지구가 가진 영역들에 대해 생각하는 바를 자네한테 설명하지 못하게 막을 것은 아무것도 없네.

심미아스: 그 정도로도 충분할 것입니다.

소크라테스: 그렇다면 말하겠네. 나의 믿음은 이렇다네. 만약 지구가 우주의 중심에 있고 둥글다면, 지구가 떨어지지 않기 위해서 그 어떤 것도 필요하지 않아. 대기나 그런 종류의 속박이 전혀 필요하지 않다는 뜻이네. 모든 방향에서 유지되고 있는 우주 자체의 동질성과 지구 자체의 평형은 지구를 붙잡고 있기에 충분해. 동질적인 무엇인가의 한가운데에 놓인, 균형 잡힌 물체는 어느 쪽으로도 기울지 않을 것이며, 언제나 동일한 상태로 남으며, 그 자리에서 벗어나지 않을 걸세. 이것이 나의 첫 번째 믿음이라네.

심미아스: 틀림없이 옳은 믿음입니다.

소크라테스: 또한 나는 지구가 아주 거대하다고 믿어. 파시스(Phasis) 강[89]에서 헤라클레스의 기둥[90]에 이르는 지역의 해안선을 따라 거주하는 우리는 어느 습지 주변의 개미들이나 개구리들과 다름없으며, 오직 작은 부분에서만 거주하고 있을 뿐이야. 다른 많은 곳

---

89 조지아의 리오니 강을 말한다. 발원지는 카프카스 산맥이며, 옛날의 콜키스를 거쳐 흑해로 흐른다.

90 지브롤터 해협 어귀의 낭떠러지에 있는 바위를 말한다.

에도 아주 많은 사람들이 살고 있어. 지구 전역에 걸쳐 다양한 형태와 크기의 우묵한 곳들이 있으며, 그곳으로 바람과 공기와 안개가 모여들지. 그러나 지구는 그 자체로 순수하며, 별들이 자리 잡고 있는, 우주의 순수한 영역에 놓여 있으며, 그 영역을 그런 문제들을 놓고 일상적으로 토론하는 사람들은 에테르라고 부르고 있어.

사실 물과 안개, 공기는 에테르의 침전물이며, 그것들은 지구의 우묵한 곳들로 함께 끊임없이 흐르고 있어. 그러나 우리는 지구의 우묵한 곳에 살고 있다는 것을 모른 채, 지구의 위쪽 표면에 살고 있다고 생각하고 있어. 그것은 마치 바다 깊은 곳에 살고 있는 어떤 생명체가 자신이 바다 위에 살고 있다고, 또 물을 통해서 태양과 다른 별들을 보며 바다가 하늘이라고 믿고 있는 것이나 다를 바가 없어. 그 생명체는 자신의 허약과 나태 때문에 절대로 바다 표면으로 나가지 않을 거야. 또 바다 위로 나와서 머리를 들고 볼 경우에 그 영역이 그의 동료들의 영역보다 훨씬 더 순수하고 아름다운 곳으로 다가올 텐데도, 그 생명체는 절대로 그것을 보려 하지 않을 것이네. 또 그 생명체는 위쪽의 그 영역을 본 다른 생명체로부터도 그것에 관한 이야기를 듣지 않을 걸세. 우리의 상태가 꼭 그렇다네. 우리가 지구의 어느 우묵한 곳에서 살고 있으면서 표면에 살고 있다고 상상하고 있으니 말이네. 대기를 우리는 하늘이라고 부르고 있어. 그러면서 우리는 별들이 하늘에서 움직인다고 상상하지.

그러나 우리가 대기의 표면까지 닿지 못하도록 막고 있는 것은 바로 우리의 허약과 게으름이야. 만약 어떤 인간이라도 외적 한계에 닿거나, 머리를 물 밖으로 내밀고 이 세상을 보는 물고기처럼, 새의

날개를 달고 위로 날아오른다면, 그 사람은 그 너머의 어떤 세계를 보게 될 걸세. 만약 인간의 본성이 그 광경을 견뎌낼 수 있다면, 그 사람은 그것이 진정한 하늘과 진정한 빛과 진정한 별들의 장소라는 점을 인정할 것이네. 이 땅과 돌들과, 우리를 둘러싸고 있는 전체 영역은 소금물에 의해 부식된 바다 속의 사물들처럼, 손상되고 부식되었기 때문이지. 바다에서도 마찬가지로 고결하거나 완벽한 성장은 거의 이뤄지지 않고 있어. 오직 공동(空洞)과 모래와 끝없는 진창뿐이며, 우리의 영역의 아름다움과 비교할 만한 것은 거의 전무하다네. 그리고 저 너머의 세계의 아름다움은 우리가 사는 이 세상보다 훨씬 더 탁월해. 심미아스야, 하늘 아래에 있는 상층부의 지구에 관한 재미있는 이야기를 들려줄까 하는데, 들어둘 만하지 않겠나.

심미아스: 소크라테스 선생님, 저희는 기꺼이 들을 것입니다.

소크라테스: 친구야, 그 이야기는 이러하네. 먼저, 지구는 위에서 보면 색깔이 뚜렷한 열두 조각의 가죽 외피로 만든 공처럼 보여. 그 색깔에 비하면 이 세상에서 화가들이 사용하는 색은 견본에 지나지 않아.

전체 지구는 그런 색깔들로 덮여 있으며, 그 색깔들은 우리의 것들보다 훨씬 더 밝고 맑아. 경이로운 광채의 자주색도 있고, 황금 색깔도 있고, 땅 속의 흰색은 그 어떤 분필이나 눈보다 더 하얗다네. 지구는 이런 색깔들과 그것들 외의 다른 색깔들로 이뤄져 있으며, 그 색깔들은 인간의 눈이 지금까지 본 것보다 수적으로 훨씬 더 많고 더 매력적이라네. 공기와 물로 채워진 우묵한 곳들은 다양한 색깔들 사이에서 점멸하는 빛처럼 보이고 나름의 색깔을 갖고 있는데, 이 색깔이 지구의 다양성에 일종의 통일성을 부여한다네.

그리고 이 아름다운 영역에서, 성장하는 모든 것, 말하자면 나무와 꽃과 열매들은 그곳의 그 어떤 것보다도 더 아름다워. 언덕들이 있고, 언덕에 박힌 돌들도 마찬가지로 더 부드럽고, 더 투명하고, 색깔도 우리가 소중히 여기는 에메랄드나 벽옥 같은 보석들보다도 더 맑아. 우리의 보석들은 그곳의 돌들에 비하면 그것들의 부스러기에 지나지 않아. 그곳의 돌들은 모두 우리의 보석용 원석처럼 깨끗해. 이유는 그 돌들이 순수하고, 우리의 보석용 원석처럼, 염분이 함유된 요소들에 의해 부식되지 않았기 때문이야. 그 요소들이 우리들 사이에서는 응고하고, 동물과 식물에만 아니라 흙과 돌에도 불결과 병을 야기하는데도 말이네. 그 돌들은 상층부 지구의 보석들이며, 이 보석들은 금과 은과 함께 빛을 발하고 있지. 그것들은 눈에 보이고, 크고, 풍성하며, 지구의 모든 지역에서 발견되고, 그것들을 보는 자는 축복받은 사람이라네.

그곳에는 다른 생물들도 많고 인간들도 있으며, 일부는 내륙에서 거주하고, 또 일부는 우리가 바다 주위에 거주하듯이 대기 주위에 거주하고, 또 일부는 대륙 가까운 곳에, 대기가 주위를 둘러싸고 있는 섬들에 거주하네. 한마디로 말해, 우리가 물과 바다에 의존하듯이, 그들은 대기에 의존하고, 우리가 대기에 의존하듯이, 그들은 에테르에 의존하네. 게다가, 그들의 계절의 특성이 너무나 이상적이기 때문에, 그들은 병에도 절대로 걸리지 않고, 우리보다 훨씬 더 오래 살고, 시각과 청각과 후각을 비롯한 그들의 모든 감각은 우리의 것보다 훨씬 더 완벽하네. 마찬가지로 대기는 물보다 더 순수하고 에테르는 공기보다 더 순수해. 또한 그들은 신들이 실제로 거주하는 신전과 성역을 두고 있으며, 그들은 신들의 목소리를 듣고 신들의 대답을 듣고, 신들을 잘 알고 있으며, 신들과 대화도 한다네. 그들은 해와 달과 별들을 실제 모습 그대로 보고 있으며, 그들이 다른 것들과 관련해서 누리는 축복도 이와 비슷하네.

전체 지구와 지구 주위에 있는 것들의 본질은 그렇다네. 구체(球體)의 표면 온 곳에 자리 잡고 있는 우묵한 곳에는 다양한 지역들이 있으며, 그 지역들 중 일부는 우리가 사는 지역보다 더 깊고 더 넓으며, 또 다른 일부는 우리가 사는 지역보다 더 깊고 더 좁다네. 또 다른 일부는 더 얕고 더 넓지.

이 모든 지역들은 땅 밑으로 다양한 방식으로, 좁거나 넓은 통로들을 통해 서로 연결되어 있다네. 이 지역들은 배출구를 갖고 있으며, 그곳을 통해 엄청난 양의 물이 마치 믹싱볼로 흘러들어가듯이 이 지역에서 저 지역으로 흘러간다네. 땅 아래에는 뜨거운 물과 차가운 물이 영원히 흐르는 거대한 강들이 있지. 또 엄청난 규모의 불이 있고, 거대한 불의 강들이 있고, 용해된 흙의 강들이 있지. 그 강들 중 일부는 시칠리아에서 용암보다 앞서 흐르는 진흙의 강들처럼 훨씬 더 지저분한 반면에, 다른 강들은 용암 자체처럼 순수하다네. 순환하는 물의 흐름이 그 지역들에 차례로 도달할 때, 각 지역은 물로 가득 채워진다네. 그리고 땅 속에 위아래로 움직이는 일종의 상하 운동이 있으며, 이 움직임의 본질은 이렇다네. 땅 속의 모든 틈들 중에서 어느 하나가 특별히 큰데, 그것이 전체 지구를 관통하고 있어. 이 틈을 호메로스는 "아득히 먼 곳, 땅 아래 가장 깊은 그곳"이라고 묘사하고 있어. 호메로스는 다른 곳에서 그 틈을 타르타로스(Tartarus)[91]라고 불렀으며, 다른 많은 시인들도 그렇게 불렀네. 그리고 그 상하 운동은 이 틈을 드나드는 강들에 의해 일어나며, 이 강들 각각은 관통하며 흐르는 땅의 본성을 지니네. 그리고 강들이 흘러 들어갔다가 나오기를 늘 반복하는 이유는 이 액체가 바닥을 전혀 두고 있지 않은 상태에서 밀려오면서 올라갔다가 내려갔다 하기 때문이라네. 이 액체를 둘러싸고 있는 바람과 공기도 똑같이 그런 운동을 한다네. 바람과 공기는 땅 위에서 액체를 따라 올라갔다가 내려가고, 사방팔방으로 움직이고 있어. 숨을 쉴 때, 공기가 언제나 들이쉬기와 내쉬기의 과정에 있는 것과 똑같지. 액체와 함께 안과 밖으로 움직이는 바람은 무서운 돌풍을 일으킨다네.

물이 땅으로 쏟아지며 낮은 부분으로 물러날 때, 그 물은 땅을 관통해 지역들 속을 흐르며 펌프처럼 상하 운동을 하며 그곳들을 채운다네. 그런 다음에 물은 그 지역들을 벗어나서 거꾸로 이쪽으로 돌진하며 다시 이곳의 우묵한 곳들을 채우고, 이 우묵한 곳들이 다 채워지면, 물은 땅 속의 경로들을 뚫고 몇 곳으로 향하는 길을 발견하며 바다와 호수와 강과 샘을 형성한다네. 그곳에서 물은 다시 땅 속으로 들어가며, 그 물 중 일부는 길게 흐르며 많은 땅들 속으로 들어가고, 또 일부는 그리 멀지 않은 몇몇 장소로 가서 다시 타르타로스로 떨어진다네.

이때 일부 물은 솟아올랐던 지점보다 꽤 많이 낮은 곳에서, 또 일

91　그리스 신화에 하늘의 신 아이테르와 대지의 신 가이아 사이에 태어난 신으로 나온다. 또한 지하의 명계의 가장 밑에 있는 나락의 세계를 의미하기도 하며, 지상에서 그곳까지의 깊이는 하늘과 땅의 거리와 맞먹는다.

부 물은 그다지 많이 낮지 않은 곳에서 떨어지지만, 모든 물은 솟아오른 지점보다 낮은 지점에서 떨어지네. 그리고 일부 물은 반대쪽에서 다시 분출하고, 일부 물은 같은 쪽에서 다시 분출하고, 일부 물은 뱀의 똬리처럼 지구를 한 번 또는 여러 번 감고 흐르며 최대한 멀리 내려가지만 언제나 다시 돌아와서 그 호수로 떨어진다네. 양쪽의 강들은 오직 중심까지만 내려가고 그 이상은 내려가지 못해. 양쪽의 강들에게 반대쪽은 일종의 절벽이기 때문이지.

이 강들은 다수이고, 거대하고, 광범위하게 퍼져 있어. 주요 강은 4개이며, 그 중에서 가장 크고 가장 긴 것은 오케아노스(Oceanus) 강[92]이야. 이 강은 원을 그리며 지구 둘레를 흐르고 있어. 이 강과 반대 방향으로 아케론(Acheron) 강[93]이 흐르고 있어. 이 강은 땅 아래의 불모지를 통해서 아케루시아(Acherusia) 호수[94]로 흘러 들어가네. 죽은 사람들의 영혼이 찾는 곳으로 알려진 호수라네. 영혼들은 이 호수에서 각자 정해진 시간을 기다린 뒤에 동물로 태어나기 위해 다시 이승으로 보내진다네. 이때 기다리는 시간은 어떤 영혼에게는 길고 어떤 영혼에게는 짧아.

세 번째 강은 앞에 말한 두 개의 강 사이에서 발원하며, 발원지 가까운 곳에서 거대한 불의 지역으로 쏟아지며 지중해보다 더 큰 호수

92　고대 그리스의 우주 생성론에서 오케아노스 강은 땅의 평평한 원반을 둘러싸고 있는 거대한 강이었다. 그것은 땅의 모든 담수의 원천이었다.

93　그리스 이피로스 주에 있는 강이다. 몇몇 지점에서 지하로 흐른다는 이유로, 고대에는 망자의 나라로 흘러가는 것으로 여겨졌다.

94　그리스 신화에서 저승과 연결되는 것으로 알려진 호수이다.

를 형성한다네. 호수는 물과 진흙으로 끓고 있어. 이 강은 진흙 성분이 많은 탁한 흐름을 이루며 계속 흘러 지구를 휘감으며, 특별히 아케루시아 호수의 끄트머리에 닿아서 호수의 물과 섞이지 않고 땅 밑에서 여러 번 소용돌이친 다음에 아래쪽의 타르타로스로 쏟아진다네. 이 강이 바로 온갖 종류의 장소에서 불의 분출을 야기하는 플레게톤(Pyriphlegethon) 강[95]이며, 이 강으로부터 용암이 흘러나와 땅 위를 아무렇게나 뻗는다네.

네 번째 강은 이 강의 반대쪽에서 나와서 먼저 청금석 색깔을 띤 무시무시하고 야생적인 어떤 지역으로 흐른다네. 이 지역은 지옥의 영역이라 불리고, 이 강은 스틱스(Styx) 강이라고 불리며, 한곳으로 떨어져 스틱스 호수를 이룬다네. 강물이 이 호수로 쏟아진 뒤로는 이상한 힘을 받아 플레게톤 강과 반대 방향으로 둥글게 휘감으며 땅 밑을 흐르다가 아케루시아 호수에서 반대편에서 흘러오는 플레게톤 강을 만난다네. 이 강의 물도 다른 것과 섞이지 않고 원을 그리며 흐르다가 플레게톤 강의 반대편에서 타르타로스로 떨어지지. 이 강의 이름은, 시인들에 따르면, 코퀴토스(Cocytus)[96]야.

이것이 저승의 본질이야. 죽은 자들이 각자 수호신의 안내를 받으며 개별적으로 그곳에 도착할 때, 무엇보다 먼저 그들에게는 경건

---

95 그리스 신화에 나오는 불의 강이다. 저승의 지옥을 흐른다는 5개의 강 중 하나이다. 영혼이 이 강을 지나는 동안에 정화되어 하데스의 궁전으로 들어간다.

96 그리스 신화에 나오는 저승의 강이다. 탄식을 상징하는 강이며, 망자는 아케론 강 다음에 이 강을 건너며 후회스런 기억을 떠올리며 탄식한다. 이 부분에서 소크라테스가 묘사하는 지하 세계의 지형은 호메로스의 '일리아스'와 '오디세이'를 바탕으로 하고 있다.

하게 잘 살았는지 여부에 따라 심판이 내려진다네. 잘 살지도 않았고 잘못 살지도 않은 사람들은 아케론 강으로 가서 정해진 탈것을 타고 호수로 옮겨진다네. 그들은 거기서 거주하며 자신의 악행을 씻어내고 타인들에게 저지른 잘못에 대해 벌을 받으며 대가를 치르거나 공적에 따라 보상을 받는다네.

그러나 죄가 너무 커서 구제 불가능한 사람들, 예를 들면 신성 모독죄를 거듭해서 저지르거나 살인을 저지른 사람들은 거기에 걸맞은 운명인 타르타로스로 던져진 뒤로 절대로 다시 나오지 못한다네. 중대하긴 해도 용서받을 수 없을 정도는 아닌 죄를 저지른 사람들, 예를 들면 화를 참지 못하고 자기 아버지나 어머니에게 폭력을 행사해 놓고는 평생 회개하며 살았거나, 정상이 참작되는 상황에서 다른 사람의 생명을 앗은 사람들은 타르타로스로 밀어 넣어져 1년 동안 그곳에서 고통을 겪어야 하며, 1년이 지나면 파도가 그들을 밖으로 밀어낸다네. 이때 단순한 살인자는 코퀴토스 강을 통해서, 아버지나 어머니를 살해한 사람은 플레게톤 강을 통해서 타르타로스 밖으로 나온다네.

그들은 강을 따라 흐르다가 아케루시아 호수에 닿을 때마다 자신이 죽였거나 피해를 입힌 사람을 향해 자신을 불쌍히 여겨 강에서 빠져나와 호수로 들어갈 수 있도록 해 달라고 간청하며 목청껏 외친다네. 거기서 설득에 성공하는 사람들은 앞으로 빠져나오며 고통에서 벗어날 수 있지만, 설득에 성공하지 못하는 사람들은 잘못을 저지른 희생자로부터 자비를 구할 때까지 타르타로스로 끌려가서 거기서 다시 강들로 쉼 없이 끌려가게 된다네. 그것이 그들의 심판관이 내린 처벌이기 때문이지.

예외적일 만큼 성스러운 삶을 영위한 사람들은 감옥에서 풀려나듯이 저승의 이런 곳들로부터 놓여난 뒤에 상층부의 순수한 주거지로 가서 보다 순수한 땅에서 거주하게 된다네. 그리고 철학으로 스스로를 적절히 정화시킨 사람들은 그 후로 이것들보다 훨씬 더 훌륭한 저택에서 육체 없는 상태로 산다네. 이 저택에 대해서는 설명하지 않을 걸세. 설명을 끝낼 만큼 시간이 남아 있지 않으니까.

그러므로 심미아스야, 이 모든 것을 고려한다면, 이승의 삶에서 미덕과 지혜를 얻기 위해 할 수 있는 일은 다 해야 하지 않겠는가? 보상은 달콤하고 희망은 위대하느니라.

내가 지금까지 영혼과 영혼의 저택들에 대해 설명한 내용이 그대로 진실이라는 뜻은 아니야. 분별 있는 사람이라면 절대로 그런 식으로 받아들이지 않을 걸세. 그러나 영혼이 불멸인 것으로 드러나는 한, 분별 있는 사람은 과감히 영혼은 그런 종류의 그 무엇이라고 생각할 수 있다는 뜻이라네. 그런 생각도 결코 부적절하거나 가치 없지 않으니 말이네. 그런 모험은 영광스러운 모험이며, 분별 있는 사람은 이런 토론으로 스스로를 위로할 수 있어야 하지. 내가 이 이야기를 길게 늘어놓은 이유도 바로 거기에 있네.

따라서 이것들은 어떤 사람이 이승의 삶에서 육체와 연결된 다양한 쾌락과 장식을 적절하지 않은 것으로 여기며 물리치기만 했다면 자신의 영혼에 대해 낙관적으로 생각해도 좋은 근거들이라네. 그 사람은 쾌락과 장식이 자신이 추구하는 것과 정반대의 효과를 낳는다는 것을 깨달고는, 배움에 매진하고 자신의 영혼을 진기한 장식품으로 장식하지 않고 영혼 자체에 고유한 보석들로, 말하자면 자제와 정의, 용기, 자유와 진리로 장식했지. 이런 상태에서 그는 하데스로의 여행을 기다리며, 운명이 부르는 즉시 여정을 시작할 준비를 갖추고 있다네.

심미아스야, 그리고 케베스야, 자네들과 이 자리에 있는 모든 사람들도 언젠가 때가 되면 그 여행을 떠날 것이지만, 그 비극 시인이 말하듯이, 나는 이미 운명의 여신의 목소리를 들었어. 곧 나는 독약을 마셔야 하네. 그러니 먼저 목욕부터 해 놓는 것이 좋을 듯하네. 그래야면 내가 죽은 뒤에 여자들이 내 몸을 씻는 수고를 덜어 줄 수 있을 것 같으니 말이네.

소크라테스 선생님께서 여기까지 말씀을 끝내자, 크리톤이 묻더 군요.

크리톤: 소크라테스, 우리한테 일러둘 것이 있는가? 아이들에게 남기고 싶은 말이나, 우리가 대신 할 수 있는 일이라도?

소크라테스: 특별한 것은 없네. 늘 말해 왔듯이, 오직 자네들 모두 가 스스로를 잘 돌보길 바랄 뿐이네. 그것은 자네들 자신뿐만 아니라 나에게도 이로운 일이야. 그런 일에 대해 자네들이 굳이 약속할 필요 까지는 없어. 자네들이 자신을 위해서 전혀 아무런 생각을 하지 않고 내가 제시한 가르침을 따르지 않는다면, 그 가르침도 지금 처음으로 제시하는 것이 아닌데, 자네들이 지금 이 순간에 아무리 굳게 약속하 고 공언한들 무슨 소용이 있겠는가?

크리톤: 우리는 최선을 다할 걸세. 그런데 자네는 어떻게 묻어주길 바라는가?

소크라테스: 자네들 하고 싶은 대로 하게. 단지 자네들이 나를 붙들어 내가 자네들 곁을 떠나지 못하는 일은 없도록 해주게.

소크라테스 선생님께서 이렇게 말씀하신 뒤 우리 쪽으로 몸을 돌리고는 웃으시며 이렇게 덧붙이셨습니다.

소크라테스: 어떻게 해야 크리톤이 내가 지금까지 대화를 이끌며 논증을 펼친 그 소크라테스라는 사실을 믿게 할 수 있을까? 크리톤이 나를 자신이 곧 보게 될 다른 소크라테스, 즉 죽은 시신으로 여기며 나에게 어떤 식의 매장을 원하는지 묻고 있으니 말이네.

독약[97]을 들이켤 때, 내가 자네들 곁을 떠나 축복받은 자들의 즐거움을 누리러 간다는 것을 보여주기 위해 그 문제를 그렇게 길게 논했음에 불구하고, 자네들과 나를 위로했던 나의 말이 크리톤에게는 전혀 아무런 효과를 발휘하지 못한 것 같네. 그래서 나는 자네들이 지금 나를 위해서 보증인이 되어주길 바라네. 크리톤이 재판에서 나를 위해 보증인이 되어 주었듯이. 그러나 그 약속은 종류가 서로 다르다네. 크리톤은 재판관들에게 내가 감방에 남아 있을 것이라는 점을 보증했지만, 여러분은 크리톤에게 내가 여기 남지 않고 떠날 것이라는 점을 보증해야 하네. 그러면 그가 나의 죽음 앞에서 고통을 조

---

97 아테네에서는 처형 방식이 독미나리의 독을 마시게 하는 것이었다.

금이라도 덜 받을 것이고, 나의 육체가 태워지거나 묻히는 것을 봐도 슬퍼하지 않을 걸세. 크리톤이 가혹한 나의 운명을 슬퍼하거나, 장례식에서 "소크라테스가 여기 누워 있어."라거나 "소크라테스가 땅에 묻혔어."라고 말하는 일은 없었으면 하는 마음이네. 왜냐하면 그릇된 말은 그 자체로 사악할 뿐만 아니라 영혼을 악으로 오염시키기도 하기 때문이지. 그러니 사랑하는 크리톤이여, 기분 나빠하지 말 것이며, 자네는 단지 나의 육체만을 묻고 있다고 말하고, 평소처럼 최선으로 여겨지는 방법대로 해 주면 돼.

소크라테스 선생님께서는 이 말을 끝낸 뒤에 일어서서 크리톤과 함께 목욕실로 갔습니다. 크리톤은 우리에게 기다리라고 하더군요. 우리는 토론의 주제에 대해, 그리고 우리의 슬픔의 깊이에 대해 생각하고 말하며 기다렸지요. 그분은 아버지 같았어요. 그분이 우리 곁을 떠나면, 우리는 평생을 고아로 살아갈 것 같다는 생각이 들더군요.

선생님께서 목욕을 끝낸 뒤에, 아들들이 그에게 왔지요. 그분에게는 어린 아들이 둘 있고 청년이 된 아들이 하나 있습니다. 여자 가족들도 왔어요. 소크라테스 선생님은 그들과 말하다가 크리톤이 보는 앞에서 그들에게 몇 가지 지침을 제시하더군요. 그런 다음에 그분은 그들을 물러나게 하고 우리 쪽으로 돌아왔지요.

이제 일몰 시간이 가까워지고 있었습니다. 선생님께서 목욕실 안에 계시는 동안에 꽤 시간이 흘렀지요. 그분은 목욕을 끝내고 다시 우리와 함께 앉았지만 말은 그리 많이 하지 않았지요. 11인 위원회의 하인인 간수가 들어와서 선생님 옆에 서서 이렇게 말하더군요.

"소크라테스 선생님, 이곳에 들어온 사람들 중에서 가장 고귀하고 가장 점잖고 가장 훌륭한 선생님께서 다른 사람들이 보였던 그런 분노의 감정을 보이실 거라고 저는 예상하지 않습니다. 당국의 지시에 따라 사약(死藥)을 들이켜라고 하면, 많은 사람들이 격노하며 저에게 욕을 퍼붓곤 하지요. 정말로, 선생님께서는 저에게 화를 내지 않으실 것이라고 저는 확신합니다. 선생님께서도 잘 아시다시피, 제가 아닌 다른 사람들의 책임이기 때문이지요. 그리고 선생님께서는 지금까지 잘 해 오셨으니, 피할 수 없는 일이라면 그냥 가볍게 받아들이도록 하십시오. 선생님께서는 저의 임무를 잘 아십니다."

간수가 이렇게 말하고는 눈물을 쏟으며 돌아서서 나가더군요.

그러는 그를 향해 소크라테스 선생님께서 이렇게 말씀하셨지요.

"자네의 후의를 감사하게 생각하네. 자네가 하라는 대로 하겠네."

그런 뒤 소크라테스 선생님께서 우리 쪽으로 몸을 돌리며 말씀하셨어요.

"저 친구, 얼마나 선한 사람인지 몰라. 내가 감방에서 지내게 된 이후로, 언제나 나를 보러 왔거든. 이따금 나에게 말을 걸기도 했는데, 나를 더없이 착하게 대하더군. 지금은 또 얼마나 슬퍼하는지. 크리톤, 그래도 우리는 그가 말한 대로 해야 하네. 독약이 준비되었거든 가져 오게 해. 아직 준비가 되지 않았다면, 담당자에게 준비하도록 해 주게."

크리톤: 그래도 아직 해가 언덕 꼭대기에 걸려 있네. 많은 사람들이 독약을 늦게 마셨으며, 지시가 있은 뒤에도 먹고 마시며 감각적

즐거움에 빠졌던 사람도 있었다네. 그러니 서두르지 말게. 아직 시간이 남아 있으니.

소크라테스: 알겠네, 크리톤. 자네가 말한 사람들은 그렇게 하는 것이 맞아. 독약 마시는 것을 지연시킴으로써 이익을 볼 것이라고 생각했으니 말이네. 그러나 나는 그렇게 하지 않는 게 옳아. 독약을 조금 더 늦게 마신다고 해서 얻을 것이 하나도 없다고 생각하니 말이네. 이미 흘러간 목숨을 구할 수 있는 것도 아니고. 오히려 그런 식으로 미룸으로 해서 내가 나 자신을 비웃게 될 뿐이라네. 그러니 나의 말을 거절하지 말고 내가 하라는 대로 해주게.

이 말을 들은 크리톤이 옆에 서 있던 그 하인에게 몸짓을 해 보였지요. 그러자 하인이 한동안 밖에 나갔다가, 독약이 담긴 잔을 든 간수와 함께 돌아오더군요.

소크라테스: 이보게, 착한 친구야. 자네는 이 일에 경험이 많을 테니 어떻게 시작해야 하는지 알려줄 수 있겠지?

간수: 선생님께서는 걸으시다가 두 다리가 뻐근해지면 누우시기만 하면 됩니다. 그러면 독이 퍼지며 작용할 것입니다.

그러면서 그가 소크라테스 선생님에게 잔을 건네더군요. 그러자 선생님께서는 너무도 편안하고 부드러운 태도로, 한 점의 두려움이나 안색의 변화도 없이, 두 눈으로 간수를 바라보면서, 에케크라테스여, 평소의 모습 그대로 잔을 받아들더니 이렇게 말했지요. "이 잔으로 어느 신에게 헌주라도 하면 자네가 뭐라 할 건가? 그렇게 해도 괜찮은가?" 이에 그 사람이 대답했지요. "선생님, 약은 충분하다고 생각되는 양만큼만 준비합니다." 내가 기억하기로 소크라테스 선생님께서 이렇게 말씀하셨던 것 같습니다. "그래도 신들에게 이 세상에서 다른 세상으로 가는 나의 여정이 순조롭게 진행되도록 기도는 해야 할 것 같네. 기도야 허용되겠지."

이어서 소크라테스 선생님께서는 독이 든 잔을 입술에 갖다 대고 꽤 준비한 듯 기분 좋게 독약을 마시셨습니다. 그때까지 우리 대부분은 슬픔을 통제할 수 있었지만, 그분이 독약이 든 잔을 다 비우시는 것을 보고는 더 이상 참을 수 없었지요. 저도 아무리 참으려 해도 눈물이 절로 흘러내리더군요. 그래서 저는 얼굴을 감싸고 저 자신을 생각하며 울었습니다. 분명히, 저는 선생님 때문에 운 것이 아니었습니다. 너무나 훌륭한 동료를 잃어버린 저 자신의 재앙을 생각하며 울었습니다.

저만이 아니었습니다. 크리톤도 더 이상 눈물을 참을 수 없다고 느끼고는 자리에서 일어나 저쪽으로 이동하시더군요. 저도 그의 뒤를 따랐지요. 바로 그 순간에, 그때까지 계속 훌쩍이고 있던 아폴로도로스가 크게 울부짖더군요. 그 소리가 우리 모두를 흠칫 놀라게 만들었지요. 소크라테스 선생님만 침착한 모습을 지키시며 이렇게 말씀하셨지요. "이 괴상한 외침은 무슨 소린가? 여자들을 내보낸 것이 이런 식으로 화나게 하는 일이 없도록 하기 위해서였는데. 남자는 평화롭게 죽어야 한다는 소리를 들은 적이 있네. 그러니 모두 조용히 인내심을 보이도록 하게."

이 말을 들었을 때, 우리 모두는 부끄러움을 느끼며 눈물을 참았습니다. 선생님께서 이리저리 걷다가 다리에 힘이 빠지기 시작한다고 하시고는 지시에 따라 자리에 누웠으며, 그에게 독약을 준 사람이 그때 선생님의 발과 다리를 살피더군요. 잠시 뒤 그 사람이 선생님의 발을 누르며 느낌이 있는지 물었습니다. 선생님께서 느낌이 없다고 대답하셨지요. 이어 그가 선생님의 다리를 누르며 똑같은 질문을 했습니다. 그 사람은 그런 식으로 상체 쪽으로 올라갔으며, 마지막으로 선생님의 몸이 차고 뻣뻣해졌다는 것을 우리에게 알려주었습니다.

그는 선생님의 몸에 손을 대면서 "독이 심장에 닿으면, 그것으로 끝입니다."라고 말했지요. 선생님께서는 몸을 다 덮고 계셨는데, 사타구니 부분에 냉기가 느껴지기 시작하자 얼굴을 드러내고 말씀하셨습니다(이것이 선생님의 마지막 말씀이었다). "크리톤, 아스클레피오스(Asclepius)[98] 신에게 수탉 한 마리를 갚아야 하는데, 자네가 기억해뒀다가 대신 갚아 주겠나?" 이어 크리톤이 "그 빚은 내가 갚을 걸세. 다른 것은 없는가?"라고 물었지요. 이 물음에는 대답이 없었으며, 1, 2분 후에 어떤 움직임이 들렸고, 담당자들이 선생님을 덮고 있던 것을 걷었지요. 소크라테스 선생님의 두 눈의 시선이 고정되어 있었습니다. 그래서 크리톤이 선생님의 두 눈을 감겨 드리고 입을 닫아 드렸지요.

에케크라테스, 내가 지금까지 알았던 사람들 중에서 가장 현명하고 가장 정의롭고 가장 훌륭했던 분이라고 진정으로 부르는 우리 친구의 마지막은 그랬습니다.

---

98 고대 그리스의 신화와 종교에서 의술의 신인데, 소크라테스가 죽으며 남긴 이 말의 의미를 둘러싸고 많은 논란이 벌어졌다.

부록

소크라테스가
배심원단 앞에서 한 변론

크세노폰[99]

99 고대 그리스의 군사 지도자이자 역사가, 철학자였다. 소
크라테스와 친분이 깊었던 것으로 전해진다. B.C. 428년경
에 아테네에서 태어나서 B.C. 354년에 사망했다. 친(親) 스파
르타 성향 때문에 그는 B.C. 401년에 아테네를 떠나 망명생
활을 했다. 크세노폰은 트라키아에서 용병으로 활동한 뒤에
B.C. 399년부터 B.C. 394년까지 5년 동안 스파르타를 위해 싸
웠다. 그는 B.C. 365년에 아테네로 돌아왔다.

소크라테스가 법정에 소환되었을 때 자신의 변론과 자신의 삶의 종말에 대해 품었던 생각도 기억할 만한 가치를 지닌다고 나는 생각한다. 물론, 다른 사람들도 이 문제에 대해 글을 썼으며, 그들은 모두 소크라테스의 말투가 반항적이었다는 사실을 포착했다. 그들의 글은 소크라테스가 정말로 그런 식으로 말했다는 사실을 분명히 보여주고 있다.

그럼에도, 그 필자들이 명쾌하게 밝히지 않은 것은 소크라테스가 이미 자신이 그 일로 죽는 것이 더 나을 것이라고 믿고 있었다는 점이다. 그러다 보니 필자들은 소크라테스의 반항을 깊이 생각하지 않은 행동처럼 비치게 만들었다.

그러나 소크라테스의 친구인, 히포니코스의 아들 헤르모게네스가 소크라테스와 관련해 전하는 내용은 소크라테스의 반항이 의도적이었다는 점을 보여준다. 예를 들면, 헤르모게네스는 소크라테스가 재판이 아닌 다른 온갖 것을 놓고 토론을 벌이는 것을 보고는 그에게 "소크라테스 선생님, 정말로 선생님께서는 변론을 어떤 말로 끌고 갈 것인지에 대해 생각하지 않을 것입니까?"라고 물었다고 전한다. 이 말에 소크라테스는 즉각 이렇게 대답했다. "자네는 내가 평생을 그런 변론을 준비하며 살아 왔다고 생각하지 않는가?" 이에 헤르모게네스가 "무슨 뜻입니까?"라고 물었다. 이 물음에 소크라테스는 "내가 평생을 살며 그릇된 짓을 한 번도 하지 않았다는 뜻이라네. 그런 삶이야말로 그 변론을 준비하는 최고의 방법이라고 나는 믿고 있네."라고 말했다.

헤르모게네스가 다시 물었다. "선생님은 아테네 법정이 잘못을 저지른 사람들의 연설에 혹해서 그들을 종종 자유의 몸으로 풀어 주는 반면에, 아무런 잘못을 저지르지 않은 사람의 연설에 그만 길을 잃고 그 사람을 종종 사형에 처한다는 사실을 알고 있지 않습니까?" 이에 소크라테스는 이렇게 대답했다. "제우스 신을 걸고 말하건대, 당연히 나도 알고 있지. 그런데 내가 지금 변론에 대해 깊이 생각하려고 노력하지만, 나의 수호신의 신호가 그러는 나에게 반대를 표했다네." 그러자 헤르모게네스가 "그것 정말 멋지군요!"라고 말했다.

그때 소크라테스가 헤르모게네스에게 이렇게 물었다.

"자네는 그 신[100]도 내가 지금 죽는 것이 더 낫다고 믿는 것이 정말 멋지다고 생각하는가? 자네는 내가 어떤 사람에게도 그 사람이 지금까지 내가 살아온 삶보다 더 훌륭한 삶을 살았다는 점을 인정하지 않을 것이라는 사실을 알지 않는가? 자네도 알다시피, 나는 나 자신이 평생을 경건하게, 또 올바르게 살았다는 것을 잘 알고 있어. 그 같은 사실이 대단히 만족스럽다네. 이런 특성들은 나로 하여금 나 자신을 존경하도록 만들었지. 그것만이 아니야. 나는 친구들도 그런 점 때문에 나를 존경한다는 사실을 확인했지. 그러나 내가 더 늙어지면, 고령의 시련을 견뎌내야 한다는 것을 나는 알고 있어. 시력도 갈수록 떨어질 것이고, 귀도 갈수록 어두워지겠지. 틀림없이, 배움은 더욱 느려질 것이고, 반면에 배운 것을 망각하는 속도는 더욱 빨라지겠지. 갈수록 모든 것이 더 악화된다는 사실을 깨달으며 나 자신을 한탄해

100 아폴론 신을 뜻한다.

야 한다면, 내가 삶에서 어떤 즐거움을 누릴 수 있겠는가?”

소크라테스는 계속 말을 이었다.

“아시다시피, 아폴론 신은 친절하게도 나로 하여금 적절한 시기에 생을 마감하도록 할 뿐만 아니라, 가장 편한 방식으로 이승을 떠나도록 하고 있다네. 만약 판결이 지금 나에게 불리한 방향으로 내려진다면, 그 일을 책임진 자들의 심판에 따라 죽음을 맞는 나는 틀림없이 특권 같은 것을 누리게 될 걸세. 그 죽음이 나에게 가장 쉽고 나의 친구들에게 고통을 가장 적게 안기는 한편으로, 떠난 사람을 향한 갈망을 더없이 깊게 할 것이니 말이네. 누군가가 당혹스럽거나 거북한 기억을 전혀 남기지 않은 가운데, 몸도 여전히 건강하고 영혼도 여전히 우정을 즐길 수 있는 때에 친구들의 곁을 떠난다면, 어떻게 그런 사람의 죽음을 슬퍼하지 않을 수 있겠는가?

우리 모두가 나의 무죄 방면을 위해 모든 수단을 동원해야 한다고 생각하고 있던 바로 그때, 내가 연설문을 다듬는 일을 막은 신들이 옳았어. 만약 내가 지금 삶을 마무리 지을 준비를 하지 않고 무죄 방면을 끌어내는 데 성공했다면, 틀림없이 내가 병이나 고령의 고통 속에서 죽음을 맞아야 할 테니까. 고령은 온갖 종류의 어려움을 초래함에도, 위안이 되는 요소는 전혀 갖고 있지 않아. 헤르모게네스여, 제우스 신을 걸고 맹세하건대, 나는 그런 운명을 절대로 바라지 않아. 그러나 만약 내가 나 자신에 대한 나의 개인적인 의견뿐만 아니라, 신들과 인간들이 나에게 안겨준 그 모든 축복에 대해 선언하는 것이 배심원단을 화나게 만든다면, 나는 비열하게 구걸하여 죽음 대신에 그보다 가치가 훨씬 더 떨어지는 삶을 얻는 것보다 차라리 죽음을 택할 거야.”

소크라테스가 적들이 자신을 놓고 도시가 인정하는 신들을 인정하지 않고 새로운 신을 소개하고 젊은이들을 타락시킨다고 고발한 뒤에 자신을 변호하는 연설을 하기 위해 법정에 섰을 때의 마음가짐이 그랬다고 헤르모게네스는 말했다.

소크라테스는 법정에서 이렇게 말했다.

"신사 여러분, 내가 멜레토스와 관련해서 놀랍다고 생각하는 첫 번째 사항은 그가 무슨 근거로 나를 향해 도시가 인정하는 신들을 인정하지 않는다고 비난하는가 하는 점입니다. 왜냐하면 어쩌다 내 옆에 있어 본 사람은 내가 나라의 축제 행사와 공적 제단에서 제물을 바치는 모습을 보았을 것이고, 멜레토스 본인도 그렇게 하고자 마음만 먹으면 그런 모습을 틀림없이 볼 수 있었을 것이기 때문입니다. 그리고 '새로운' 신을 소개한다는 문제에 대해서라면, 내가 신성한 어떤 목소리가 나에게 해야 할 일을 분명히 암시한다고 말하는데, 그것이 어떻게 새로운 신을 소개하는 일이 될 수 있습니까? 어쨌든 어떤 사람들은 실제로 새소리를 예언의 목소리로 이용하고, 또 어떤 사람들은 사람들의 말을 예언의 목소리로 이용하고 있습니다. 그리고 천둥소리가 의미 있는 어떤 목소리이거나 더없이 불길한 전조라는 점에 대해 누가 이의를 제기할 수 있습니까? 그리고 피튀아 (Pythia)[101]조차도 삼각대 위에 앉아서 신으로부터 받은 메시지를 선언하는 데 자신의 목소리를 이용하지 않습니까?

그렇다면, 잘 아시다시피, 신은 미래를 보는 선견지명을 갖고 있

---

101 델포이의 신탁을 받아 전달하는 여자를 말한다.

고, 신은 자신이 원하는 사람 누구에게나 예언을 전할 수 있다는 사상이 널리 받아들여지고 있습니다. 모든 사람이 이 사상에 대해 말할 뿐만 아니라 그 사상을 믿고 있습니다. 그것은 내가 말하는 바와 똑같습니다. 그러나 그들이 새소리, 우연한 말, 징조, 점쟁이 등을 자신들에 대한 예언적 경고의 원천으로 말하고 있는 반면에, 나는 나에게 오는 신호를 수호신의 행위라고 부릅니다. 그리고 그 신호를 그런 식으로 부르면서, 나는 신들의 힘을 새들에게로 돌리는 사람들보다 훨씬 더 진실하게, 또 더 경건하게 말하고 있습니다. 실제로, 나는 나 자신이 사건들을 거짓으로 신에게로 돌리고 있지 않다는 것을 뒷받침하는, 다음과 같은 증거를 갖고 있습니다. 내가 신의 조언에 대해 많은 친구들에게 밝혔으며, 아직까지 그 조언이 잘못되었던 적이 한 번도 없었다는 점이 바로 그 증거입니다."

이 말이 끝난 뒤에, 배심원들 사이에 소동이 벌어졌다. 배심원들 중 일부는 자신이 들은 말을 믿지 못하겠다는 반응을 보였으며, 또 다른 일부는 소크라테스가 심지어 신들로부터도 자신들이 받은 것보다 훨씬 더 큰 호의를 받았다고 의심하며 시기심을 느꼈다. 이 소동에 대해 소크라테스는 이렇게 대꾸했다.

"자, 이 말까지 마저 들어 보시오. 그러면 여러분 중에서 나를 처벌하려는 사람들은 내가 지금까지 어떻게 신들의 보호를 받았는지에 대해 더욱 의심하게 될 것입니다. 카이레폰이 언젠가 델포이 신전에 가서 나에 대해 물었을 때, 아폴론 신이 많은 목격자들 앞에서 그 누구도 나보다 더 자유롭지도 않고, 더 정의롭지도 않고, 더 온건하지도 않다고 대답했답니다."

배심원들은 이 진술을 들은 뒤에 당연히 소란을 더욱 크게 피웠다. 그러자 소크라테스는 이런 식으로 반응했다.

"그렇지만 신사 여러분, 아폴론 신이 신탁을 통해 나에 대해 한 말은 그 신이 리쿠르고스(Lycurgus)[102]를 두고 한 말에 비하면 아무것도 아닙니다. 사람들의 전언에 따르면, 그가 신전에 들어섰을 때, 아폴론 신이 '당신을 신이라 불러야 할지 인간이라 불러야 할지 모르겠군.'이라고 선언했다고 합니다. 그러나 아폴론 신은 나를 신과 비교하지는 않았습니다. 내가 다른 인간들을 훨씬 능가한다는 점을 인정하면서도 말입니다. 그러나 이런 경우에도 여러분은 신의 말을 그대로 받아들여서는 안 되며, 신이 말한 내용을 하나씩 면밀히 검증해야 합니다. 그렇다면 검증하도록 하지요.

여러분은 육체적 욕망에 나보다 덜 예속된 사람을 알고 있습니까? 어느 누구로부터도 선물도 받지 않고 수고비도 받지 않는 나보다 더 자유로운 사람이 있습니까? 다른 사람들의 소유물에 대해 필요성을 전혀 느끼지 않을 정도로 자신의 처지에 잘 적응한 사람보다 더 정의로운 사람이 누구입니까? 그리고 말을 이해하기 시작하자마자 나 자신이 선한 일을 추구하는 노력을 평생 한 순간도 중단한 적이 없었는데, 그런 내가 현자라는 점을 합리적으로 부정할 수 있는 사람이 누구입니까?

내가 헛되이 노력하고 있지 않다는 사실을 뒷받침하는 증거가 바로 미덕을 갈망하는 다수의 시민들과 외국인들이 다른 누구보다 나

---

102 델포이의 신탁에 따라 스파르타에 군국주의 개혁을 일으킨 전설적인 인물.

와 시간을 함께 보내기로 선택했다는 사실이라고 여러분은 생각하지 않습니까? 그리고 모든 사람들이 자신의 행위에 보답할 돈이 나에게 거의 없다는 사실을 알고 있는데도, 지금도 여전히 많은 사람들이 나에게 어떤 것이든 선물로 내놓기를 원하고 있습니다. 이런 일이 벌어지고 있는 이유가 무엇이겠습니까? 혹은 어느 누구도 나에게 부채의 상환을 요구하지 않고, 정반대로, 많은 사람들이 나에게 고마워해야 한다고 느끼는 이유를 무엇으로 설명해야 합니까? 혹은 봉쇄[103] 기간에, 다른 사람들은 힘들어 하는데도 나의 형편은 아테네가 번영을 누릴 때보다 조금도 더 나빠지지 않았다는 사실은 무엇으로 설명해야 합니까? 또는 다른 사람들이 시장에서 값비싼 사치품을 구입하는 동안에도 나는 전혀 아무런 비용을 들이지 않고 나 자신의 영혼으로부터 그들의 쾌락보다 더 큰 쾌락을 끌어내는 사실에 대해서는 또 어떻게 설명해야 합니까? 지금 나는 어느 누구도 내가 나 자신에 대해 이렇게 말하면서 거짓말을 하고 있다고 비난하지 못할 것이라고 단언합니다. 그런 내가 어떻게 신들과 인간들의 칭송을 듣지 않을 수 있겠습니까?

이런 모든 사실에도 불구하고, 멜레토스여, 당신은 내가 이런 것들을 행함으로써 젊은이들을 타락시키고 있다고 비난합니까? 어떤 일이 젊은이들을 타락시키는지 우리는 알고 있지 않습니까? 그럼에도 당신이 나로 인해, 신앙심을 버리고 불경스럽게 처신하거나, 겸손을 버리고 무례하게 굴거나, 자제력을 버리고 방종하게 행동하거나,

---

103 펠로폰네소스 전쟁이 벌어지던 동안에 스파르타가 B.C. 405년부터 B.C. 404년까지 아테네를 봉쇄한 것을 말한다.

적절한 음주 습관을 버리고 과음하거나, 근면을 버리고 태만하거나, 그 외의 다른 천박한 쾌락에 탐닉하게 된 젊은이의 예를 제시하지 않은 이유가 무엇입니까?"

이에 대해 멜레토스는 이렇게 대답했다.

"예, 알겠습니다. 제우스 신을 걸고 말하겠습니다. 나는 당신이 영향을 끼치고 있는 젊은이들이 그들의 부모보다 당신을 따르는 것으로 알고 있습니다."

이 말에 소크라테스가 대답했다.

"적어도 교육에 관한 한, 나도 그 점을 인정합니다. 당신도 알다시피, 사람들은 교육이 나의 특별한 관심사라는 것을 알고 있습니다. 그리고 건강에 관한 문제라면, 사람들은 자기 부모보다 의사를 더 신뢰합니다. 그리고 민회 모임에서 모든 아테네 주민들이 가장 현명하게 말하는 사람들을 친척보다 더 신뢰할 것이라고 나는 확신합니다. 그리고 당신은 당신의 아버지와 형제들보다, 그리고 제우스 신을 걸고 말하건대, 당신 자신보다도 전쟁에 대해 가장 훌륭한 판단력을 지닌 것으로 평가받는 사람을 장군으로 선택하지 않습니까?"

이에 멜레토스는 "소크라테스, 그건 맞는 말입니다. 그것이 확립된 관습일 뿐만 아니라 분별 있는 일이기도 하지요."라고 대답했다.

소크라테스의 말이 이어졌다.

"그렇다면, 지금 이런 일이 벌어지고 있다는 사실이 당신에게는 좀 의아하지 않습니까? 다른 전문 영역에서는 최고의 권위자가 적절한 보상을 받을 뿐만 아니라 최고의 존경까지 받는데 반해, 일부 사람들로부터 인간들에게 가장 중요하다고 여겨지는 교육 영역에서 최고의 심판관으로 평가 받는 내가 바로 그 같은 사실 때문에 당신에 의해 사형에 처해질 죄로 고발되었으니 말입니다."

물론, 소크라테스도 이 이상의 말을 했고, 그를 위해 연설했던 친구들도 그 이상의 말을 한 것이 분명하다. 그러나 나는 재판이 진행되는 동안에 벌어진 모든 것에 대해 늘어놓을 생각은 없다. 그보다는 나는 두 가지만을 보여주는 것으로 만족한다. 첫째는 소크라테스가 신들에게 어떤 무례도 저지르지 않고 인간들을 부당하게 대하지 않는 것을 언제나 가장 중요하게 여겼다는 사실이다. 둘째는 그럼에도 불구하고 그가 죽음을 피하기 위해 굽실거려야 한다고 생각하지 않았으며, 정반대로 자신이 죽어야 할 적절한 때가 왔다고 실제로 믿었다는 사실이다.

그러나 소크라테스가 이런 식으로 생각하고 있었다는 사실이 더욱 분명해진 것은 판결이 내려진 때였다. 가장 먼저, 사형보다 약한 처벌을 스스로 제시하라는 명령이 내려졌을 때, 그는 자신도 그렇게 하지 않고 친구들에게도 그렇게 하는 것을 허락하지 않겠다는 태도를 보였으며, 심지어 그렇게 하는 것이 곧 유죄를 인정하는 꼴이 된다고 말했다. 이어서, 그의 동료들이 그를 빼돌리기를 원했을 때, 그는 그 계획을 받아들이지 않고, 오히려 동료들에게 아티카[104] 밖에 죽음이 일어나지 않는 장소가 있느냐고 물으며 그들을 놀리는 듯한 모습을 보였다.

마침내 판결이 내려졌을 때, 헤르모게네스에 따르면, 소크라테스

---

104 아테네 주변의 지방으로 당시에 아테네의 지배하에 있었다.

는 이렇게 말했다.

　"자, 신사 여러분, 증인들이 위증을 하도록 유도하며 나에게 불리한 증언을 하게 한 사람들과 그들의 지시를 따랐던 사람들은 자신들이 저지른 불경과 부당한 행위를 알고 있음에 틀림없습니다. 그러나 나 자신에 대해 말하자면, 내가 판결이 내려지기 전보다 나 자신을 낮춰 봐야 할 이유가 있습니까? 최종적으로, 나 자신이 고발의 대상이 된 행위들을 했다는 사실이 입증되지 않았습니다. 내가 제우스 신과 헤라 신, 그리고 신전의 여러 신들 대신에 새로운 신들에게 제물을 바치거나 선서를 했다는 사실이 드러나지 않았으니 말입니다. 그리고 내가 다른 신들을 인정한다는 것도 입증되지 않았습니다. 내가 절약과 인내 속에서 젊은이들을 훈련시키며 도대체 그들을 어떻게 타락시킬 수 있었단 말입니까? 더욱이, 죽음으로 처벌하는 범죄들에 대해 말하자면, 신성 모독이나 강도, 노예화, 대역죄 등이 그런 범죄에 해당되는데, 고발자들까지도 내가 그런 범죄를 저질렀다고 비난하지 못하지 않습니까?

　부당하게 사형에 처해지고 있다는 사실 때문에 내가 나 자신에 대한 평가를 스스로 떨어뜨리는 일은 결코 없을 것입니다. 그 같은 사실이 나를 사형에 처한 사람들에게는 불명예이지만, 나에게는 전혀 불명예스런 일이 아니라는 뜻입니다. 절대로 그렇지 않습니다. 사실 나는 나와 꽤 비슷하게 삶의 종말을 맞은 팔라메데스 같은 인물에게서 위안을 발견합니다. 지금도 팔라메데스는 그를 부당하게 살해한 오디세우스보다 칭송을 훨씬 더 높이 듣고 있습니다. 그리고 나는 후세가 나 자신이 누구에게도 부당하게 행동하지 않았을 뿐만 아니라 부끄러운 일을 전혀 하지 않았다는 사실을 증명하고, 또 나와 대화한 사람들에게 선한 것들을 최대한 열심히 무료로 가르침으로써 그들을 이롭게 했다는 사실을 증명할 것이라고 알고 있습니다."

이런 말을 한 뒤, 소크라테스는 자신의 말과 일치하는 모습을 보이며 이리저리 걸었다. 그는 표정과 행동, 걸음걸이를 통해서 지극히 즐거운 마음을 드러냈다. 이어서 자신의 추종자들이 흐느끼고 있다는 사실을 알게 되었을 때, 그는 이렇게 말했다. "이게 무슨 일인가? 지금도 자네들은 울고 있는가? 왜 그러는가? 태어난 순간부터 자연이 나에게 사형 선고를 내렸다는 사실을 자네들은 오래 전부터 알고 있지 않은가? 그러나 만약 내가 여전히 훌륭한 일들이 일어날 수 있는 시기에 죽는다면, 틀림없이 나의 죽음은 나의 행복을 비는 사람들뿐만 아니라 나에게도 고통스런 일이 될 거야. 그러나 만약 고난이 나를 기다리고 있는 시기에 종말을 맞는다면, 나는 자네들 모두가 나의 행운에 기뻐할 것이라고 생각하네."

그곳에 아폴로도로스가 있었다. 소크라테스를 지극히 사랑하지만 약간 멍청한 사람이었다. 아폴로도로스가 이렇게 말했다. "하지만 소크라테스 선생님, 제가 특히 견딜 수 없는 것은 선생님께서 부당하게 죽음을 맞는 것을 지켜보는 일입니다." 헤르모게네스에 따르면, 그때 소크라테스는 아폴로도로스의 머리를 쓰다듬으며 부드럽게 웃음을 지으며 "사랑하는 친구 아폴로도로스야, 그렇다면 자네는 내가 정당하게 죽음에 처해지는 것을 보기를 원한단 말인가?"라고 대답했다.

거기서 아니토스를 보았을 때, 소크라테스는 이런 말을 한 것으로 전해진다.

"여기 이 사람은 자신을 자랑스럽게 여길 걸세. 마치 자신이 위대하고 숭고한 일이라도 한 것처럼. 저 사람이 나를 사형에 처하도록 한 이유는 그가 아테네에서 가장 큰 명예를 누릴 가치를 지닌 인물로 여겨지던 때에 내가 그를 향해 아들에 대한 교육을 가죽 무두질하는 것으로 제한해서는 안 된다고 꾸짖었기 때문이라네. 저 사람은 너무나 심하게 타락했기 때문에 우리 둘 중에서 진정한 승자가 언제나 보다 이롭고 숭고한 것을 성취한 사람이라는 사실을 깨닫지 못하는 것 같아. 게다가, 호메로스도 삶의 종말에 이른 사람들 중 일부에게 미래를 예견하는 능력을 인정하지. 그래서 나도 예언하고 싶네. 아시다시피, 한때 나는 짧은 시간 동안 아니토스의 아들과 알고 지냈거든. 그는 나약한 정신의 소유자로 나에게 그리 강한 인상을 남기지는 않았어. 그래서 나는 이렇게 선언하네. 그가 자기 아버지가 준비해 놓은 예속적인 삶의 방식으로는 스스로를 지키지 못할 것이며, 그럼에도 불구하고 그를 돌봐줄 훌륭한 인간이 없는 탓에 그가 수치스런 욕망에 굴복하며 타락의 길로 깊이 빠져들 것이라고."

소크라테스의 예언이 맞았다. 그 젊은이는 포도주에 빠져 밤낮으로 흥청망청 마셔대다가 결국에는 자신의 도시와 친구, 자기 자신에게 완전히 쓸모없는 존재가 되어 버렸다. 그래서 아니토스는 이미 죽은 몸임에도 불구하고 자식을 잘못 키운 사실과 본인의 그릇된 판단 때문에 나쁜 평판을 얻었다.

소크라테스는 법정에서 자화자찬하는 모습을 보임으로써 배심원들의 분노가 자신에게 쏟아지도록 만들었으며, 그들이 그를 그만큼 더 강하게 처벌하도록 강요했다. 그러나 나의 마음에는 그가 신들의 사랑을 받은 인간들의 운명을 공유한 것처럼 느껴졌다. 말하자면, 그가 삶의 가장 지루한 부분을 피하며 가장 편한 죽음을 맞은 것 같다는 뜻이다. 그리고 소크라테스는 자신의 인격의 힘을 보여주었다. 삶을 계속 영위하는 것보다 죽는 것이 더 바람직하다는 것을 깨달았을 때, 그는 죽음 앞에서도 전혀 위축되지 않는 모습을 보이며 죽음을 받아들였으며, 좋은 기분으로 죽음을 맞으러 갔다. 그가 그때까지 유익한 일을 절대로 외면하지 않았듯이.

나에 대해 말하자면, 소크라테스라는 인물의 지혜와 인격의 고귀함을 알기 때문에, 그를 잊는 것은 불가능한 일이며, 그를 떠올릴 때면 언제나 그에 대한 칭송을 결코 참지 못한다. 그리고 만약에 미덕을 추구하는 사람 누구라도 소크라테스보다 더 이로운 벗을 만나게 된다면, 그 사람이야말로 가장 축복받은 존재로 불릴 만하다고 나는 생각한다.

소크라테스의 재판에 관한 모든 것!

『소크라테스의 변명』은 소크라테스의 재판과 관련 있는 저작물 3편, 즉 '소크라테스의 변명'과 '크리톤'과 '파이돈'을 담고 있다.

'소크라테스의 변명'은 그야말로 소크라테스가 본인의 재판에서 했던 변론이다. 변론은 3차례 이뤄졌다.

첫 변론은 500명으로 구성된 배심원단 앞에서 행해졌다. 소크라테스는 자신의 혐의를 전적으로 부정했다. 아테네 시민들을 대상으로 철학 활동을 펴는 것은 파괴적이기는커녕 오히려 아테네 시민들에게 이로운 일이었고, 자신을 가장 현명한 인간이라고 말한 델포이 신탁을 들먹이며 그 활동이 아폴론 신에게 헌신하는 일이라고 주장하면서 자신의 뜻을 조금도 굽히지 않아 배심원단의 심기를 건드렸다.

첫 변론 뒤에, 배심원단은 표결을 통해 소크라테스에 대해 유죄 평결을 내렸다.

이어 소크라테스는 두 번째 변론에 나섰으며, 고발인들이 요구한 사형에 대한 대안적인 처벌로 30미나(당시 공직 종사자의 10년치 임금에 해당)의 벌금을 제안했다. 그러나 최종 형량을 결정하기 전에 있었던 이 변론 중에 소크라테스는 자신에 대한 처벌이 올림픽 경기의 우승자와 같은 훌륭한 사람들에게 제공되는 상과 동일하게 훌륭한 것이어야 한다고 주장해 배심원단을 더욱 화나게 만들었다. 소크라테스의 입장에서는 가벼운 익살이었을지 모르지만, 어쨌든 이런 내용은 제대로 먹히지 않았으며, 소크라테스는 최종적으로 사형 선고를 받았다. 여기까지가 이 책 중 '소크라테스의 변명'에 해당한다.

그러나 소크라테스의 사형 집행은 아폴론 신을 기리는 제전 때문에 몇 주일 연기되었다. 전설에 따르면, 한때 아테네는 크레타의 미노스 왕에게 반은 인간이고 반은 수소인 괴물 미노타우로스에게 주어질 젊은 남녀 14명을 공물로 바쳤다고 한다. 그러다가 아테네의 전설적인 왕 테세우스가 괴물을 죽임에 따라 공물을 바치는 행위가 중단되었다. 그 후로 아테네는 아폴론 신의 고향인 델로스 섬의 아폴론 신전에 감사의 사절단을 보냈으며, 이 사절단이 돌아올 때까지 아테네에서는 처형이 중단되었다. 그런데 그해 델로스 섬으로 갈 선박을 장식하는 의식이 어쩌다 소크라테스의 재판이 열리기 직전에 이뤄졌다.

이 책 중 '크리톤'은 사형 선고를 받고 투옥되어 사형 집행을 기다리던 소크라테스를 그의 친구이자 후원자인 크리톤이 감옥 안으로 들어가 탈옥을 설득시키는 내용이다. '크리톤'의 무대는 당연히 소크라테스가 감금된 감옥이며, 여기서는 소크라테스가 판결이 부당하다고 믿으면서도 그것을 받아들이는 이유가 다뤄진다. 정의(正義)가 주제이다.

'파이돈'의 무대도 마찬가지로 소크라테스의 감옥이다. 델로스 섬으로 떠났던 배가 돌아오고 사형 집행이 이뤄지기로 되어 있던 날, 소크라테스가 독약을 마셔야 하는 일몰 때까지 그의 친구들과 함께 영혼 불멸과 죽음을 놓고 토론을 벌이고 사후 세계에 대해 설명하는 현장이 그려진다.

영어판 '하버드 클래식스'에 실리지 않은 크세노폰의 글 '소크라테스가 배심원단 앞에서 한 변론'은 철학자이자 역사가로 활동했던 크세노폰이 문학적 재능이 탁월한 플라톤과는 다른 측면에서 재판을 묘사했다는 판단에서 부록으로 실었다. 플라톤이 소크라테스가 한 말을 단순히 기록한 것이 아니라 설득력과 감동이 느껴지도록 다듬었을 가능성이 있기 때문이다.

소크라테스의 재판에 관한 플라톤의 글을 읽으며 받은 인상은 소크라테스가 받은 두 가지 혐의, 즉 아테네 도시 국가가 인정하는 신들을 인정하지 않고 새로운 신들을 소개하려 하고 청년들을 타락시킨다는 비난이 사형으로 다스려야 할 만큼 중대한 범죄였는가 하는 의문이었다. 혐의가 허구인 것은 아니겠지만 그래도 재판의 진정한 동기로 보기에는 석연찮은 구석이 많아 보인다. 또 소크라테스가 자신의 목숨이 걸린 재판에서 한 변론의 내용이 꽤 고압적이라는 점도 궁금증을 낳았다.

소크라테스가 고발된 진정한 동기를 미뤄 짐작하기 위해서는 당시의 시대적 상황을 떠올릴 필요가 있다. 아테네는 B.C. 431년부터

B.C. 404년까지 벌어진 펠로폰네소스 전쟁에서 스파르타에게 패배했다. 그 결과, 스파르타가 아테네에 '30인 참주'로 알려진 과두정을 세웠으며, B.C. 404년부터 이듬해까지 이어진, '30인 참주' 과두정 통치 시기에 아테네에서는 유혈 사태가 빈번하게 벌어졌다. 말하자면, 소크라테스의 재판이 열릴 당시에 아테네는 이제 막 민주주의를 회복한 터였다.

그런데 소크라테스에게 불행하게도, 참주 중 한 사람인 크리티아스(Critias)와 이름이 알려지지 않은 또 다른 참주가 소크라테스의 학생이었으며, 그즈음 소크라테스의 옛 학생이었던 알키비아데스(Alcibiades)가 스파르타로 망명했다. 정치적 관점에서 보면, 소크라테스는 자신의 뜻과는 무관하게 이들 비민주적인 인사들과의 연결 때문에 피해를 입을 수 있는 상황이었다.

또 이 책에 그려지는 소크라테스는 민주주의의 적극적인 옹호자가 아니었던 것 같다. 그것도 그의 문제 중 하나였다. 당시 아테네 시민들은 정부에 비판적인 그에게 다소 질린 상태였다고 한다. 소크라테스가 긴 전쟁을 통해서 아테네에 큰 피해를 입힌 스파르타의 법을 칭송할 때에는 아마 아테네 시민들에게 더욱 부정적으로 비쳤을 것이다.

소크라테스의 변론에 나타나는, 피고인답지 않은 당당한 어투는 이 책에 부록으로 실린 크세노폰의 글 '소크라테스가 배심원단 앞에서 한 변론'이 어느 정도 설명해준다. 역사가 크세노폰의 글은 소크라테스가 법정에 설 때 자신의 변론과 죽음에 대해 어떻게 생각했는지에 초점을 맞추고 있다. 크세노폰도 플라톤과 마찬가지로 소크라테스의 학생이었다. 이 글에 따르면, 소크라테스는 그 일로 죽기로 작정한 것으로 확인된다.

소크라테스는 사형을 피하고자 마음만 먹었다면 쉽게 피할 수 있었을 텐데도, 자신의 믿음을 훼손시킬 생각이 조금도 없었던 것 같다. 따라서 평소에 영혼 불멸을 믿으며 죽음이 두려워할 악이 아니라고 강조했던 그는 한 사람의 철학자로서 죽기로 각오하고 자신의 믿음을 위한 '순교자'의 길을 택했다. 소크라테스의 가르침에 진실성과 무게를 더한 것이 그의 지혜 외에 바로 이런 용기가 아니었을까. 소크라테스가 가장 아끼던 학생 플라톤은 평소 소크라테스 옆에서 보고 들은 것에 크게 고무를 받았으며, 플라톤의 글은 소크라테스를 불멸의 존재로 만들었다.

소크라테스가 가르침을 직접적으로 제시하는 예는 거의 없었다. 청년이든 나이든 사람이든 불문하고, 상대방이 질문을 던지면 거기에 대한 대답을 곧장 내놓는 것이 아니라, 둘이 함께 그 문제를 놓고 토론을 벌였다. 그러면 소크라테스가 묻고, 상대방이 대답하는 형식이 되었다. 긴 시간 동안 서로 질문과 대답을 주고받다가 마침내 어떤 결론에 도달하지만, 그 결론도 소크라테스의 한 마디로 인해 금방 허물어졌다. 그러면 그들은 다시 원점으로 돌아갔다. 그렇듯, 소크라테스의 철학에 따르면, 우리 인간이 무엇인가를 배우는 길은 어떤 확고한 대답을 찾는 데 있는 것이 아니라 언제나 우리의 삶을 검토하는 데 있다.

당시에 아테네에서 민주주의가 발달함에 따라, 설득력 있는 논쟁 기술의 필요성이 대두되었다. 이 같은 사실이 소피스트라 불리는 사람들을 많이 낳았으며, 소피스트들은 교육 영역 안에서 큰 시장을 형성하기에 이르렀다. 이들은 수고비를 받고 수사학과 웅변술, 논리적 논쟁을 가르쳤다. 당시에 아테네 사회는 교육에 대한 대가로 돈을 받는 것을 부정적으로 보았는데, 그 때문에 소피스트들은 비난을 많이 받았다.

소크라테스 본인도 소피스트였을 수 있지만, 당시에 그는 소피스트들의 행태를 종종 비난했다. 그가 다른 소피스트들과 확연히 달랐던 것은 가르침에 대한 대가를 전혀 받지 않았고, 또 단순히 논리적인 논증을 가르치는 일보다 순수한 지혜를 발견하는 일에 더 깊은 관심을 쏟았다는 점이다. 어쨌든 소크라테스는 재치 넘치고, 설득력 있는 연사였으며, 통찰력이 뛰어나고 생각이 믿기지 않을 정도로 깊었다.

소크라테스에 따르면, 자신의 무지에 대한 자각이 지혜를 얻는 길로 들어서는 출발점이다. 소크라테스는 평소에 자신은 아는 것이 전혀 없다고 주장하면서 그 같은 사실을 알고 있다는 점에서 다른 사람들보다 현명하다고 했지만, '의미 있게' 죽는 방법은 잘 알고 있었던 것 같다.

옥스퍼드 대학 교수를 지낸 신학자 벤저민 조윗(Benjamin Jowett: 1817-1893)의 영어 번역본을 한글로 옮겼다는 사실을 밝힌다.